HEALING ～To The UNIVERSE

ヒーリング～宇宙へ

Suisei Hoshii

星椎水精

たま出版

はじめに

数多くある刊行物のなかで、私自身があえて筆を執って著そうと考えたのは、現在・過去・未来を解く鍵がヒーリングの中に隠されていることを読者の皆さんに知っていただきたかったからである。

現在とは、過去でもあり未来でもある。

何も書いていない白い紙の上で、定規をあてて、鉛筆でまっすぐ一本の線を引くと、過去・現在・未来ができる。すなわち過去・現在・未来は、一つの線で繋がっているのである。仮に一つの線が、その人の一生とするならば、平面には無数の線（生命）が描かれていることになる。

ヒーリングを通して、縦横上下に描かれた線（生命）のひとつひとつを吟味し、摩訶不思議なその世界を味わうことができれば……。それが執筆を始めた動機である。

目　次

第四章　有名人の謎

第五章　地球の謎

第六章　宇宙へ

第一章

霊的なこと

○ヒーリングの原点は愛

ヒーリングとはすなわち「癒し」のことである。

現代が抱えるさまざまな問題は、特に病気を例にとってみると、この癒しが足りないことにある。

癒しの原点は、愛である。人と接する時、この愛がなければ、乾ききった砂漠を、ただトボトボと歩くようなものである。砂漠を歩き続けると、喉が乾ききって死んでしまうかもしれない。そこで偶然オアシス（癒し）に巡り合う。巡り合った人は、幸せである。この癒しは、何ものにも代えがたいものである。

私と深い縁のある人であればあるほど、深いヒーリングの世界へと導くことができる。逆に、私と縁のない人は、かかりにくいか反応しない。無神論者と頑固者はヒーリングをかけるのに時間がかかる。いや、睡眠薬を多量に使用する人や他の薬を多量に服用する人と同じようにかからない人が多い。確実に病気になった人や、70歳を過ぎると、細胞や神経に回復力がないので、一時的に治ったにしても、再び病気へと向かうことも多い。年をとっていても気持ちや細胞の若い人は、深くかかるケースもよくある。

では、ヒーリングをどうやってかけるのかと言えば、一般にいう催眠をかけるのとよく似ている。導入の方法はまったく同じだろう。

しかし、私の場合は悪の心を一切使っていないプラス思考型のもので、深くかかると後々まで心地よくなるのが特徴だ。病気という観点からいえば、「治してあげたい」と心の底から思っている。しかも、かかっている時の状態で、私の手からものすごい、いわゆる「気のパワー」を発するので、いろいろな病気も瞬時に治ることが多い。

世間一般的にいうヒーリングと私のそれは、かなり幅や深さが違うものだといえる。

一般的に癒しとは、音楽や木の香り、リラクゼーションを総じて言うのだが、私の場合は、まず体をリラックスさせ、その人に応じて浅い催眠、深い催眠に誘導し、本人の希望する方向へと展開していく。

例えば、その人が「脚が痛いから痛みを止めてくれないか」と言えば、その痛みを止め、「頭痛がひどいから」と言えば、その頭痛をとってあげられる。「昨夜1時間も寝ていないから」と言えば、4、5時間の深い催眠を味わえるのだ。これが本当のヒーリングでなくて何であろう。そのくらいのことだったら「誰にでもできるよ」と思うだろうが、先ほど言ったように、その間、私の手のひらから強いパワーが発するので、「体が温かくなり、患部がすぐに治る」と治療を受けた人は言ってくれる。感謝をされるので、本当にやりがいがある。

○感謝の心にこそヒーリング効果が

では、なぜそんなふうに人の体を癒すことができるのだろうか。

私が説明するときは、気功という言葉がわかりやすいのでそう教えているのだが、実際には気功とはかなり幅も内容も違う。お年寄りに説明する時は、むしろそちらのほうが、説明しやすいので、「気功」という言葉を使わせていただいている。

ただ、他のヒーラーたちがそんなふうに簡単に治療できるのかと言えば、できる人を私は見たことがない。というより、普通の人はできないだろうという確信がある。

私の手のひらから出るパワーには、普通の人には出ない「愛情」というパワーが潜んでいる。愛情＝癒し、という構図である。これには、薬がいらない。

大人になって、疑うことばかりを身につけている人は、私はどんな身近な人といえども手を貸すことはできない。疑うという心理は、人と心を次第に遠ざけているのだ。疑い＝

拒否という図式は、肉体の老化現象を早めることを意味している。

感謝という気持ちは、常に持つ方が自分の心と体の健康のためには大切なことである。体が若く健康な人には、これが備わっている人が多い。

○幽体離脱と魂の出入りについて

話は変わるが、皆さんは、不思議な体験をされたことはあるだろうか？　私は高校生のころ、幽体離脱の経験がある。

これから話す幽体離脱の話は、ヒーリングと深い関係があるので紹介してみようと思う。いや、幽体離脱だけではない。魂についてのことは、ヒーリングの根本とも言える。

＊

もう30年以上前の春先のことだが、私の頭にいまだにはっきりと焼きついている。

その日は体調が悪く、ひどく疲れており、ぐっすりとひと眠りした午前2時ごろ、自分自身の体がふわっと宙に浮いたのだ。1.5メートルくらいは上がっただろう。自分の意思などまるでなかった。「一体何が起こったのだろうか」と面食らった。蒲団をかぶっていたので当然、肉体と蒲団が一緒に上がるのが普通なのだが、なぜか自分の体だけが上がっていた。その状態で、確かに自分の寝ている姿が見てとれたのだ。その瞬間、黒い闇の中に落とされてしまい、気を失った。気がついたら翌朝だった。私はその日は放心状態で、「昨夜はいったい何が起こったのだろうか」としみじみ考え込んだものだ。

この不思議な経験をしたのは私だけではなかった。後からいろいろな人に聞いてみると、この幽体離脱にはいろいろな型があるのがわかった。

例えば、知り合いに霊感の強い男性がいて、彼は幽体離脱が事前にわかるらしく、体中に電気が走った状態になると、次には一気にアパートの壁を通り抜け空中へと舞い上がるという。その回数は月に1回くらいの割合である。もちろん生身の肉体ではなく魂だけでのことである。彼は瞑想が趣味のような男でもあった。

これは日本だけではない。シャーリー・マクレーンのアメリカ映画「OUT ON A RIM」の中に幽体離脱のシーンがある。親しくなった男女が、霊的に力のある男の誘いで山奥の温泉に入る。男は岩の上にローソクを立てる。男はローソクの炎に集中するよう彼女に囁く。彼女は、その炎の中に目が入った瞬間、一気に魂はのぼりつめ、丸くて青い地球を見下ろしていた。映画は彼女の実話を元につくられたそうで、内容のすべては覚えていないのだが、そのシーンだけが鮮やかに頭の中に刻まれている。

これとまったく同じ経験をした人が、私の経営する店のお客さんの中にいる。名前は神崎真希（25歳）さんという。

それは彼女が19歳最後の夜となる1月29日のことだった。寝た状態のまま、つまり仰向け状態で魂が抜け出し、見下ろす視界の中で小倉の繁華街である堺町公園から飲み屋街の丸源ビルをぐるりと一周したのだ。

真希さんは、「綺麗やな、いっぱい人がおるんやなー、こんな時間なのに」と思った。次に「なんで、こんな所にいるの私？　家に帰らなきゃ」と思ったその瞬間、体が瞬時に寝床に戻った。枕元に置いてあった目覚まし時計を見ると、午前2時を指していたという。その間の映像は実に鮮明だったようである。

彼女の話は後でも詳しく述べるが、こんなふうに、魂そのものが入ったり抜けたりするのは、霊感の強い人は結構よく体験している。しかし、誰にでも起こるわけではない。ただ、通常の魂の出入りと幽体離脱の大きな違いは、後者では周囲の状況を実によく覚えていることであろうか。その場合、元の肉体は安全である。

しかし、元の肉体が危険に晒されることもあるので注意してほしい。離脱した魂が、何らかの事故を起こす場合がある。極端な場合は、原因不明の死亡という惨事を起こす。それがこれから出てくる例の中にもある。

日ごろ、おとなしそうな人に限って、酒を飲むと人が変わる。人が変わるという言葉通り魂の入れ替えが行われている。昔、私の家は貧乏で長屋のようなところに住んでいた。その家の一番端に住む中年夫婦は、いつも仲良しで有名であった。ご主人は温厚な人柄で、頭は低かった。ところが、大酒飲みでいったん飲み始めたら底無しであった。「酒もってこんか！」と長屋中の大騒ぎであった。私もこっそりと覗いてみると、体格のよい奥さんはブルブル部屋の隅で震えているのである。奥さんはたまらず部屋を飛び出して、私の部屋に飛び込み、そのあとをご主人が追いかけてきた。私はその時、幼いながらこれは本当のご主人ではないと思ったのである。動物的な、それこそ狼のような目を感じてぞっとしたのを思い出す。

翌日、彼は実におとなしくなり、体格のよい奥さんから大きな箒で、頭を何度も何度も叩かれていた。彼は座布団を頭に載せ「ごめんなさい、ごめんなさい」の連発で長屋の皆から失笑をかった。彼は、昨日のことはまったく覚えていない様子だった。

そのころから私は、魂の入れ替わりがいかに怖いものかと、幼い心ながら理解し始めていた。

○魂の入れ替わりはこんなに怖い

このケースで一番怖いのが、シンナーや麻薬の常習である。

タバコを吸うことも、その例外ではない。物理的にはニコチンを肺や胃の中に入れ、血管の中まで進入させるわけだが、それによってガンを引き起こし、血管収縮によって心臓や脳に障害をきたす結果になる。精神的には、肺に煙が入ることによって、心の空洞化を埋め、満足感が味わえるというものである。霊的には、気体化された悪魔の類を肺や胃の中に入れ込む恐るべき現象である。

タバコを吸っている本人は悦に入っており、「カッコイイだろう」と思わせたい独りよがりの意識がある。それと体とは正反対のことであり、言葉では言い表わせないほど怖いことをしているな、と私は思う。

シンナーや覚せい剤、麻薬の類は、悪魔を直接体の中に入れてしまうほど強いものだ。悪魔たちは手を変え、品を変えて人の心のスキを見て常に進入してくる。セックスも不特定多数の人とすればするほど、魂の入れ替えが行われる。このことは、後で述べる。

悪魔的か悪魔的でないのか。それをどこで判断するかといえば、だいたい顔の相でわかる。「顔色が悪い」「顔につやがない」「老けた」「顔がこわい」「やつれた」。こんな顔相に加えて、肉体的には「食欲がない」「微熱がある」「便秘」「血圧が高い」などの症状を起こす。

悪霊と一口でいうが、魂の入れ替わりを招いてしまう悪霊にはいろいろといる。緊張すれば風邪もひかない、という言い伝えがあるように、肉体的かつ精神的なゆるみから病魔が急に襲って来るのである。他人と接すれば、他人からの魔がやって来る。

こんな話もある。私の母がよく話していたことだ。

母は、戦時中は外地にいた。外地といっても韓国の京城の郊外で人里離れたところである。そのころ、やせて人のよい30歳過ぎた男が山へ行ったきり帰って来ないということがあった。5日は経っている。そこで近所の人たちが集まり、山狩りとなった。2日目に彼は手を繋がれて帰ってきた。彼はなんと、きつねのように四つんばいになって野山を駆け回っていたという。家に帰っても彼の習性はなかなか取れなかった。

これは、キツネによる霊の入れ替わりである。映画『エクソシスト』もこの類の実話である。悪魔に身を委ねた話としては、まったく怖い話である。

私はかつて、悪魔に身を委ねてしまい死ぬ寸前までいった人を助けたことがある。

彼女は、非常に霊感が強かった。自分であるようで自分でない。そんな気持ちで40歳まできた。毎日毎日死ぬことばかりを考え、私に偶然巡り合った。
私から見た彼女は、身なりはきちっとしているようだが、ボロボロの衣装をまとってい
るようにしか見えなかった。ロングスカートのワンピースは、大きな穴がたくさん見えた。
物理的には何の問題もない。ただ、霊的なものであることは、間違いないと私は確信した。
そこで、軽く催眠状態をつくり(これがヒーリングである)、さっそく中を見た。なんと
そこには、悪魔が何千何万と彼女の魂に巣をつくっていたのだ。その時、私が見た悪魔は、
西洋的な悪魔で黒いしっぽの先は、三角で尖っていた。そればかりではない、彼女には重
かったであろう、大きな石の塊みたいなものがいくつもいくつも入っていた。その大きな
石を頭上から取ったとき、ボコッという音がした。
それ以前に、彼女はある霊能者にきつねを抜いてもらったことがあった。その時もそん
な音がしたらしい。それ以来、彼女は自分を取り戻し、普通の生活に戻れたのである。

○3人のヒーリングの効果

次に、病気を治すヒーリングとしては、60歳を過ぎた女性で川俣さんという方がいる。川

俣さんは、私の店である整体院に電気をかけてもらいにやって来る。最初は、肩が痛いとか目を痛めたとか、いろいろなことで電気治療だけを受けていたが、「ヒーリング療法」って何ですか？と聞いたのがきっかけで、ヒーリングを始めた。

最初の深呼吸から始まって、次第に体はリラックスし、体が宙に浮いた状態をつくった。すぐに肩こりから手足の冷え、胃のむかつき、高血圧、腰痛、歯のいたみ、腱鞘炎、リュウマチによる手のこわばりがわずか30分足らずで見事によくなった。

しきりに「不思議やね、不思議やね」と連発する彼女はもともと敬虔なクリスチャンで、心は純粋である。「そんなにかかるんやったら、お医者さんはいらんね！」と周りから言われるらしいが、薬は本来嫌いなのでヒーリングは彼女に合っていた。

最後に私は、おまけとして温泉を与えた。つまり、温泉をイメージさせたのだ。10回目くらいだったか、温泉独特のイオウのにおいや水の音、それに鳥の声までが聞こえるようになっていった。

次にお遊びのつもりで私は、「マリア様を降ろしてあげますからね」と言ったら、「マリア様は見えなかったけど、光がパッと急に明るくなって驚いた」と後で叫んだのだった。

この他には、過食症の女性が来た時を思い出す。年齢は25歳で離婚をしたばかりだといい、母親が強引に連れて来た。人見知りするタイプで、女性という感じはまったくなく、おかっぱ頭なので見た目は金太郎さんそっくりだった。

聞くと彼女は1日10食ほどするという。食べても食べてもお腹がすき、ひと月の間に20キロほど太った。母が見るに見かねてのことだったろうと思う。彼女の離婚も過食が原因だった。

そこでさっそくヒーリングにかかった。すぐさま反応し、胃の辺りを私の手がさするとゲップゲップというのだ。目が覚めたのかと思ったが、そうではなかった。胃が確実に反応した。30分のヒーリングで体調が戻ったらしい。

ところが、その次の日に再び彼女はやって来た。今度は一人だった。9000ボルト電圧の入った椅子にこしかけて私にこう言った。

「弁当食べてもいいですか?」。

しまった、治っていないな。私はそう思った。「何食目かね?」と聞くと「3食目」と言った。時刻はまだ午前10時半だった。食事が終わったのを見はからってヒーリングを始めた。

彼女はこう言った。

「きのうヒーリングをしてもらった時は、よく効いて5食くらいになった。今朝また戻ったから、またお願いします」

そういっている間に、またゲップゲップが始まった。3日目にはほとんどよくなり、体重が10キロもやせた。それから間もなく彼女が完治したと母親から連絡が入った。

過食症といえば、伊部さん（32歳）という人がいた。この方は3食をしてもまだ食べたくてしかたなかった。甘いものや間食を繰り返し、通常の10キロも太った。ヒーリングは2回ほどだったが、結果もよく体重も順調に落ちた。

それからの本人は間食もせずケロッとしているが、自分ではヒーリングにかかってよくなったとはあまり思っていなかった。しかし、彼女を紹介した人は完全によくなったと言う。このようにヒーリングは自然に治ってしまうので、あまりピンと来ない人もいるのである。

次に現在も治療を続けている温かい家族の紹介をしよう。これは本人の執筆である。

☆自分で病気をつくっていた私　　高橋亮子さん

これまでヒーリングという言葉は聞いたことがありましたが、実際にはどういうものなのかよくわかっていませんでした。まして自分がヒーリングを受けることになるとは、全く想像もしていませんでした。

私にヒーリングを受けるきっかけを与えてくれた人は営業マンの姫路さんでした。私が姫路さんと知り合えたのも、今となっては不思議な引き合わせのおかげです。電話でしか話したことのない人だったので自分で勝手に顔は想像していたのですが、声を聞くとなぜか懐かしく、引きつけられ、安心できました。

姫路さんが来るという日に朝から大雪が降りました。声の主と初めて会うという嬉しさと、大変な雪の中を私に会うために来てくれたという感激がありました。電話の時と同じで優しくて内側から輝いて見える姫路さんに会って、私はいつも外見ばかり気にしていた自分が恥ずかしいな、と感じました。

姫路さんとは話が尽きませんでしたが、そのうちに私は仲のよい友達にも言えなかったたくさんの不安なことを話していました。実家のこと、兄弟のこと、子供のこと、孤独な気持ちなど……。すると姫路さんは、「ここに来たのは亮子さんとのご縁があるからよ。先生が亮子さんに会いに行きなさいと言われるし、ご先祖がそれを願っているからなのよ」と言いました。

その言葉は私の心にすんなり入ってきました。姫路さんは水晶のネックレスをつけていました。私にもいくつか見せてくれて、「つけてみる?」と言われた時にはただ素直に、「つけてみよう」と思いました。

一つを私の首につけてもらった時、顔の周りが明るく暖かくなったように感じました。

「水晶は亮子さんを守ってくれるし、なりたい自分になれるからね」と言われ、私は「優しいお母さんになりたい！」と言っていました。こんなことを人に言ったのは初めてでした。涙が出て来ました。私には二人の子供がいますが、いつも感情任せで子供を怒っていたし、気持ちが子供に向いていていませんでした。特に上の子には優しくできない怖いお母さんでした。

ところが、水晶をつけた日のその瞬間から考え方が変わりました。何が一番大切なのかがわかりました。「信じるものは救われる」という言葉の通り、私は救われたのだなと思いました。それに、今まで私が悩んでいたことはご先祖様の供養がされていなかったため起こっていること、ご先祖供養は私の役目であること、供養の仕方を教えてくださるのが先生であることを知りました。

私はこの二日後に先生と会うことになりました。初めて先生と会う時の私は不安と緊張で固まっていました。でも姫路さんと同じように、先生にも悩みをすべて隠さず話すことができました。まず全部聞いてもらうこと。

そのためには、心を開いて先生を信じることがヒーリングの第一条件のような気がします。先生は私の本心を見抜かれたようでした。

ヒーリングが始まりました。目を閉じて、深呼吸を何度かしました。私の手はとても冷たく、頭の中で「どうなるんだろう……」と考えながら先生の声を聞いていましたが、自分の体が軽くなる感覚があって、手が上がっていました。先生から「誰か見えますか？」と聞かれた時、私は「お母さんに会いたい。会いに来てほしい！」と思ったので「お母さん」と答えました。

その後はもう、母の気持ちになって返事をしていたのだろうと思います。母が私たちのことを心配している。私たちに幸せに暮らしてほしいと願っていることがわかりました。涙があふれて来ました。それは、きっと母の安堵の涙だったのだと思います。今まで抱えていた心の中のものが一度に出て来たようでした。体中に取りついていたものも剥がされるように取れた気がしました。母のことを大好きだったけど、病気で早く亡くなってしまった母を責める気持ちもあった私をとても反省しました。夢でも会うことができなかった母が今ではすぐ側にいて守ってくれるし、いつでも助けてくれると思えるようになりました。私の子供への態度も、母だったらこうするだろうな、と思って実行できるようになりました。

私が変わると子供も夫も穏やかな顔になっていきました。私が欲しかったのはこういう幸せだったのだな、と気づかせてくれたのがヒーリングと水晶でした。私は、家族を大切にすることと、ご先祖供養をすることを決めました。

それからいくつも不思議なことが起こりました。今までなら気づかなかっただろうことも私には偶然とは思えなくなりました。周りの人が優しく接してくださったり、物事が順調に運んだりするとありがたいなと思います。きっとご先祖が喜んで応援してくれているんだと思います。

まず、先生からしていただいたことは、家の中と外とを水晶と塩を使って浄化することでした。家の中が暗く寒かったのに、光が射して明るく暖かくなりました。家にいるのが好きになりました。毎日神棚と仏壇に手を合わせていると、家にも神様やご先祖がいて守ってくれているのがわかるようになりました。

先生はその後も家に来て、両親とご先祖のためにお経をあげてくれました。毎日のように会っているので、子供も待っていたようです。ヒーリングも受けました。長男の熱が上がり、急に様子が変になったことがありました。笑ったり泣いたりして苦しみ始め、「胸の中に何か入った。泣きたくないのにその人が泣いている」と言いました。先生が息子に「追い出しなさい。自分で追い出すんだよ」と言われると、息子は一生懸命闘っている様子でした。

目の前で見ていた私は驚くばかりで、ただ祈るような気持ちでいました。泣いていた息子が落ち着きを取り戻して、「もう大丈夫」と言った時には熱が下がり始めていました。

その後すぐに、今度は娘が苦しそうにし始めました。やはり、「胸の中に黒いのが入っている」と言いました。先生が「黒いのを出そうね」とヒーリングをしてくれました。娘は小さいので自分では出せなかったようで、「先生から出してもらった」と言っていました。

子供も水晶をお守りに身につけています。時々イライラする時には自分で負けないようにとコントロールしているのがわかります。また、体がきつくなったり、お腹が痛くなった時には「黒いのが来たから1、2の3で出す」と言って水晶で胸やお腹をさすっていたり、水晶のネックレスを握ってお祈りをしています。

先生を信じる気持ちが薬よりも効くのだと思います。夫も「職場で不思議とイライラしなくなった」と言うようになりました。私は病気に対する不安をずっと持っていましたが、先生のヒーリングを受けて、胃の痛み、吐き気、頭痛、腰痛などを取ってもらいました。

先生のヒーリングは、手から出るエネルギーを体に満たしてくれるような感じです。温かい手と愛に満ちた力強いパワーで、本当に悪いところが取れていくのです。

「病院に行かなくてもあなたの病気は治してあげられるし、病気にはならない」と言われて、今までの不安は何だったのだろうと思いました。自分で病気をつくっていたのかもしれません。先生が毎日私たちのことを考えてくれているので、「一人じゃないんだ」と、とても心強い思いです。おかげで出会ったころとは別人のように生き生きとした私になることができました。

会ってからまだ1ヶ月半なのに、今では私たちと先生は本当の親子のようです。この不思議な出会いは、ずっと前からどこかで約束されていて出来たのだと思っています。私を見つけてもらえてよかったと思います。

これからもご先祖の供養が続きますし、課題も次々と出てくると思います。悩んだ時にもいつも気持ちを前に向かせてくれる先生を信じてついて行けば大丈夫だと思っています。また、私のように苦しんでいる人を助けてあげたいと思っています。

＊

私はこの家族を、自分の家族のように思っているし、大切にしてあげている。この家族の場合は、供養を中心にして亡くなった霊のヒーリングをしている。私のヒーリングは亡くなった人に対しても通用する。私がこの家を訪ねてはや2ヶ月。でも2、3年くらいの付き合いのように思えるのだ。

この家を訪問する前に見えていたのは、霊に荒らされた古い家だった。土地柄どうしても戦場跡だと知っていたので、戦士の霊がさ迷っていることを身近に感じたものだ。門司の壇ノ浦でもそうだが、戦士たちは現在も戦っている。その家族の家も、辺り一面戦争が起こっていた。鎧を身にまとった武士たちが、血のついた刀を振りかざして暴れている。外から見た家そのものは、そんなに悪いものではなかったのだが、家の中は大変なものだった。先祖の霊と重なっていたから、何から手をつけてよいのやら判断に苦しんだものだ。

奥さんは、親戚にあたる人を通して霊能者に頼んだが、何もしてくれなかったそうである。それどころか、その親戚の人は、玄関から上に上がろうとはしなかったそうだ。これは失礼な言い方かもしれないが、とかく霊能者というのは力も備わっていないのに、お金だけを十分にまきあげる素質がある。私も散々な目に遭ってきた。全部が全部というわけではないが、大半がそうである。霊能者の言うことは、あまり聞かないほうがよい。最初はよいが、後が悪い。その見極めは自分以外にはない。その辺の霊能者に頼ることがあるのならば、自分の感性を信じなさい。それが、一番である。

○私はこうしてこの家族を救った

話がそれたので、元に戻そう。

まず、その家をきれいにするのは、神様に上がっていた塩を使い、周囲に撒くことから始めた。邪気が争って逃げて行くのがわかった。

私は周囲に睨みをきかせ、戦士たちがそこを、通り道にしないよう計らった。周囲は塩の絨毯で敷きつめられて、きれいに光り始めた。その塩を撒く時、「チリチリ」と不思議な音を感じた。電気の火花のような音であった。大きな庭石に宿る悪霊を抜き、しめ縄を巻き神様を入魂した。

すると、庭が明るくなった。そのあと、周囲にパワーの入った水晶を埋めた。いわゆる、結界である。水晶にパワーが入っていないと意味がない。そして、家の周囲にバリアーを張った。こうすると、悪霊はまず入ることはできなくなる。それをした途端、感応式の電気照明が正常に戻った。「誰もいないし、姿は全くないのに、いつも電気がつくんですよ。それが、とても恐かったです」と奥さんは言っていた。バリアーを張るという特殊な能力は、今の日本人には存在しない。

その後、50ミリ玉以上の大きな水晶、もちろんパワーの入った水晶を、今度は大きな家の四隅に配置した。二階には10ミリ玉以上のパワーの入った水晶を同時に配置した。これで、悪霊が入る余地が全くといっていいほどなくなった。

このころから、部屋の雰囲気ががらりと変わったのである。この家の二階は、誰も上がりたがらなかったし、電気をつけることはなかったのに二階に電気がついていたと言っていた。しかも、誰かいる気配がして、カーテンがひとりでにゆれたり、部屋の中から外を誰かが覗いているような……そんなことが多かったのである。

水晶を配置した瞬間、二階が明るくなって、子供が二階へ行くようになった。その二階には暗い感じの人形がたくさんあったので、人形の気を抜いて捨てるよう指示した。もし、人形の気を抜かなければ、恨みを買われて大変なことになる。数年前、親しい人から紙で作られた人形をもらったことがある。どういうわけか私は、何も考えずにバラバラにしてごみ箱に捨てた。そして、帰宅中ガードレールに自家用車の左のドアをこすってしまった。その時、私は手を合わせて心で謝った。「ごめんなさい」と。

外側からの防御を終えると、先祖の供養を始めた。先祖へのヒーリングである。世間でいう浄霊である。彼女の父母が浄霊できていないのを、あらかじめ知っていた。先祖の遺骨が、田川のお寺に預けられているというので、そこで浄霊することになった。

お寺の和尚さんが念仏を唱えている背後から、私の黄金色のパワーが下から力のない彼らを持ち上げる。やがて、霊界の扉が開かれて天使に運ばれて彼らは入って行く。一度上がってしまうと、彼らが下界に降りても、災いを起こすことがあまりない。だが、全くないというわけではない。

例外も中にはある。その後、家のものが心のこもった先祖の供養をしなければ、再び災いを起こすだろう。彼らの魂が死んでしまったのではない、孫やひ孫の子孫繁栄を見守るためには、生きているものたちとの交流をはかる必要があるのだということを教えている。先祖たちが完全に上がったかどうかを確認するために、奥さんにヒーリングをかける。先祖の霊たちは「ありがとうございます」と丁寧なお礼を言ってくれる。家の状態は明るくなって、友達の出入りが多くなっていく。一番わかりやすい例は、赤ん坊の泣き声である。生まれたばかりの赤ん坊は、霊の存在を誰よりもよくわかっている。子供が宙に向かって泣き喚いている時は、必ずそこに霊が存在する。それもよい霊ではない。

しかし、先祖さんたちを上げてしまったら、赤ん坊は妙な泣き声を止め、実に明るくなったのだ。よその家の子供たちから「幽霊屋敷」と呼ばれるほど、寒い部屋だったのが、燦《さん》と陽の入る部屋に変わったのである。

■第二章

霊的な目覚め

○病弱な彼女の妊娠から始まった

ここでは、私が過去に出会った霊能者がいかなるものなのか検証してみたい。それは私が31歳の時で、彼女との結婚前の出来事から始まる。

私より2歳年下の彼女に病気があるなど、当時は想像もつかなかった。そのころの私は、地方で雑誌の編集をしていた。編集といっても当時はやりの同人雑誌である。彼女はその同人雑誌で広告依頼をしていた会社の秘書的な仕事をしていた。

ある日、彼女が私に相談をもちかけた。「今の会社に在籍すべきか、再び東京に戻ろうか」と。私は「東京に戻るには、もうあなたのエネルギーはありません」と答えた。実際に、彼女が東京で働いている姿が想像できなかった。「じゃあ、どうすればいいのですか」と言いながら、翌朝まで一緒にいたのである。それから、間もなく私たちは結ばれた。

それは、春先のことだった。彼女が「胃がおかしい」と言うので、運動不足かなと思い、彼女を朝早く紫川に誘って、川沿いをゆっくり走らせることにした。もちろん、彼女を先に短めの距離で走らせるのだ。私は何キロも大回りをして、あと100メートルで追いつける距離まで来た時、前を走っていた彼女が突然、白いガードレールの中に消えたのだった。

私はいったい何が起こったのかわからず、目の前が真っ白になった。近づいて見ると、彼女は地面にひれ伏して倒れていた。私はひざの上に彼女の頭を載せ、「大丈夫か」と大声をあげた。辺りは誰もいなかった。

その時、葬式の映像が頭に閃いた。救急車を呼ぶ前に、通りがかりの労務者風の男に助けられて、彼女は突然意識を戻して家に帰った。

彼女は東京でのことをすべて私に告白した。東京では煙草を吸いながら、アルコールに溺れる毎日だったようだ。時には、酔っ払って朝まで飲んで、気がついたら、道路の真中で寝ていたという。そんな日々の中で心臓が悪化して、長い間通院していた。病名は僧帽弁弁膜症だったとはっきり言った。「私をだましたな！」と思ったが、「もう遅い」とも思った。小倉の記念病院に入院したが、３ヶ月で「もう治りません」と言われて追い出されてしまった。病院とは冷酷なものだとつくづく思った。

それから、彼女は２ヶ月ほどして「生理がなくて、調子がおかしい」ということで、産婦人科に診てもらったら「妊娠３ヶ月は過ぎています。母子手帳をどうぞ」と言われて帰って来た。

私は彼女に「心臓が悪いのに、子供が産めるわけがないよ」と言うと、彼女は親戚に相談をしに行った。その親戚が問題だった。彼は私より2つ年上で彼女の姉の主人に当たる人だった。彼は霊的な能力のある人で、般若心経を一日何百回も読んでいるうちに、押入れの壁に観音様の黒い画像が映るくらいの念の強いタイプだった。

私たちが子供を「堕ろす」と言った瞬間、彼の顔色が変わり、「ある先生に聞いてみるから、結論は早急に出さないように」と言った。先生とは、日本全国走り回るほどの有名な霊能者らしい。しかし、私は信じていなかった。

そんな私の心を察したように、彼は数日後、「先生は産むように言っておられる」と言っていたらしい。彼の父もその先生の信者らしく、「産んだらいい子供ができるよ」と同調していた。それでも納得しなかった私に対して、「今度、有名な先生が小倉で講演に来るから、行きませんか？　その先生はかなり見える（霊力が高い）から、その言葉を聞いてみたらどうですか。結論はそれからでもいいでしょう」

私はそこまで言うのならそれでもいいのかな、と漠然と考えていた。結局、面談まで彼によって設定されていた。

講演は本当に退屈で眠くなるほどだった。そんな講演が終わって面談が始まった。私がとっさに思ったのは、「これでも霊能者なのかな」ということだった。でも、先生の目の奥にブルーの海を感じたので、信じざるを得なかった。その先生は、「本当に元気な子供が産まれますか」という私の質問に対して、「産まれます」と自信をもって答えた。

当時の私は、「一流の霊能者」という噂を信じたばかりに大きなミスをしてしまったとつくづく思うのだ。こともあろうに、彼のお父さんまで「間違いなく産まれる」などと言葉を上乗せした。我々二人はそれだけを信じてしまった。

そして、彼女のお腹が大きくなり始めた。3ヶ月ほどして、彼女の顔色が悪くなる一方となった。私の風邪が彼女にうつってしまったころから、容態は悪化したのだ。私はどうしてよいのかわからないまま、それでも事態を重く見始めてはいた。

彼女の症状がいよいよ悪化し始めた1月の終わりになって、義妹がやってきた。一番下のその妹は看護婦であった。妹はすぐに入院の手続きをした。

国立病院に入院した時、医者は私にこう言った。

「何でもう少し早く来なかったのですか？　せめて肺炎を起こす前にでも。それと、こんなに心臓が悪いのに、何で子供を産もうと思ったのですか」

私は、返答すらできなかった。霊能者の言うとおりにして手遅れになった、と言うこともできなかった。

医者はこうも言った。

「奥さんは僧帽弁弁膜症で、内容は心筋症です。心筋症というのは、久留米大学の専門です。もう少し早く手当てをすれば、何とかなった可能性があったのに」

病院というのは、一つのところで満足するとろくなことがないとは誰もが言うことで、それももっともだと痛感した。その後、彼女は詳しい検査を受けて産婦人科から循環器科に回された。

彼女の肺の中は真っ白だった。それでも、親戚の兄は病院にやって来て、「もうすぐ完全に回復して、子供が産まれるんだそうです」と言う。死ぬ寸前の女性を前にしているというのに、私は呆れてものが言えなかった。彼はまるで、巷で騒がれているあくどい新興宗教に洗脳された人間に見えた。私は彼女の死が間近いことがわかっていた。「幸せがやってくる」ようなものの言い方は、裏を返せば、死そのものにつながることなのだろう、と解釈を変えてみた。

○永遠の別れ、とり返せぬ悔恨

それから、1月、2月があっという間に過ぎた。やがて、医者が「肺炎が治ったよ」と言った。レントゲン写真を自ら誇らしげに見せながら、30代半ばの疲れた医者はそう言ったのだった。

「あとは子供だけだね」

3月も半ばになろうとする朝、けたたましい電話の音で目がさめた。一番下の妹からだった。

「姉ちゃんが暴れたんよ。疲れとるじゃろうけど、来てくれんね」

あたりかまわず下関弁で叫ぶ義妹の声で、私は飛び起きて病院に行った。集中治療室へ駆け込むと、彼女の手から点滴がはずされて布団が血だらけになっていた。まるでテレビドラマを見ているようで、「今日が最期だな」との思いが私の頭の隅で閃いた。

私は医者を呼ぶように看護婦に指示した。20分程して、ほとんど寝ていないようなボサボサ頭の医者がやって来た。彼は、この病院には専門医がいないことや、給料の少ないことをぼやいていた。そして、「みんなを呼ぶように」と指示してから治療が始まった。

ところが、彼女の体は昼過ぎあたりから急変した。今までの症状が嘘のように消えたのだ。苦しみのない安らいだ顔だった。4階の窓から外を眺めながら、私の頭の中では過去の出来事が走馬灯のように映像をつくった。それも色鮮やかに。

古い2階建ての屋根瓦の上をゆっくり黒猫が歩いていた。何ともいえない風景の中での出来事、まるで夢の中をさ迷っているようだった。大きな城が崩れ去る前の、絵のような時間だった。そのとき私は、エドガー・アラン・ポーの「黒猫」を思い出していた。

「今日は大丈夫だから」と彼女が言い、私は妹二人を残して食事に出て、そのまま自宅に戻っていた。しばらくすると、電話が鳴った。彼女の体に再び異変が生じたという。

〈今夜が最期になりそうだ〉

そんな予感がして病院に向かった。私が病院に着くと間もなく、医者は血相を変えて集中治療室へ駆け込んだ。たちまち面会謝絶となった。

すりガラスの向こうでは、看護婦や医者たちが、灯の消えかかった病人のために命を消すまいと必死に闘っている様子が伺えた。2時間経ち、3時間経ち、狭い待合室では駆けつけた親族がめいめい座り込んで、命が少しでも長引くことを望んでいた。

すると、看護婦が皆を悲痛な面持ちで呼びに来た。

「最期のお別れを……」

それを聞くと、家族は一斉に集中治療室に駆け込んだ。彼女の胸は裸にされて、その上から医者の大きな手が「のっしのっし」と心臓を押さえていた。しかし、その甲斐もなく心臓は停止した。彼女の目は開いたまま、私を見つめていた。親族の大声で泣き叫ぶ声とは別に、私自身も涙が出て仕方なかったが、不思議に安堵の気持ちが私自身を落ち着かせていた。

彼女も体の苦しみから解放されたのだろう、と私は閃くように思っていた。

彼女の体をきれいにするため、集中治療室を出された時、激しく雨が降り始めた。それはものすごい雨だった。霊が肉体を離脱する時は、天気に異常を起こすというが、その時はまさにそうだった。雨はどんよりと曇った真夜中の空から、さらに激しい音で辺り一面を叩きつけていた。

間もなく皆は、遺体安置室に案内された。別館の安置室は、大きな雨音以外は、ひっそりとしたたたずまいだった。彼女の肉体には魂はいなかった。すでにお腹にいた子供の魂も抜け出ていた。その後、彼女の肉体は、私のいるアパートまで持ち運ばれることになった。小降りになった雨の中を、小さな車に彼女の遺体を乗せて帰ってきた。

そのころ、私自身、霊の姿はあまり見えてはいなかった。その夜は、遺体のそばで寝ることになった。怖いというイメージはまるでなかった。ただ、霊体がそばにいることだけは、確かに感じとられた。

翌日の葬儀、3日目に初七日を終えて、私は本屋に足を運んだ。なぜか霊に関する本に目が注がれた。それはシリーズもので刊行されている、霊界についての本だった。今読むと馬鹿げた霊能者の本なのだが、当時はひたすらその本に興味を持つようになった。

滑稽だったのは、「彼女が子供を産んで幸せになるよ」と言い続けた姉婿の父が、一端《いっぱし》の霊能者気取りでいたのに、葬儀の日は「申しわけない！」と泣き崩れていたことである。霊的に興味を持つことと、霊能者であることのズレというものを考えさせられる現実である。彼ら親子は、言葉と宗教においての殺人者である、と私は思う。それを認めた私自身に問題があったことは、確かだった。

○死んだ彼女の霊を実感

それを期に、私には霊的なことを学ぶ時期がやって来た。49日の間、私は般若心経を、毎日読経し続けた。

姉婿は何の反省もなく「申しわけありません」の一言もなく、「彼女が早く転生を行うかもしれませんよ」とぬけぬけと言った。姉たちは、「ローソクの火が横にぽつぽつと切れるのは、霊が喜んでいる印だ」と言っていた。

姉はこうも言っていた。それは、彼女が死ぬ前のことだった。

「毎晩、男の子がタンスの上に来て座ったりぴょんぴょん飛んだりしているわよ」

そう彼女は言ったという。それは、子供が元気に生まれてくることを意味していたのかどうかは理解できなかった。

彼女が死んで3日ほどして、毎晩丑三つ刻になると、部屋のコタツに彼女が入りにくるらしい。その時間になると必ず目を覚ますと姉は言う。生前の彼女はコタツのその位置に入るのが好きだったと言うのだ。

そのことは、確実に信じることができた。そして、子供の霊体がぴょんぴょん飛んでいるのも、私の頭にきれいな画像で入ってくる。霊体の映像は、乳白色が透き通った感じである。他の人はどこで見ているのか知らないが、私は肉眼では見ていない。想像した時の映像とはまったく違う画像である。第三の目があるとしたら、たぶんそこだろう。時々、画像がくっきり浮かんでくるのだ。

2ヶ月ほどして、夢を見るようになった。それは、鮮明な夢だった。彼女が平安朝の区切られた大きな屋敷の中で寝ていた。そこに私が近づくと、白い絹の衣をまとった彼女がやおら起きあがって、私の前に立ちはだかるのだった。両手を真横に広げて、顔色は真っ白で無表情だった。ふと目を覚ますと午前2時だった。

彼女はまだ、霊だけが生き残っているのだと私は判断した。しかし、姉婿は私にこう言った。

「彼女はもう高い処に行ってますよ」

そのころの私は霊界の本をかなり読んでいて、姉婿の話はあまり信じてはいなかった。そして、その夏のころには、気を取り直して同人雑誌で私小説を書いて出した。

それは私自身による編集であるが、「文学界」の同人雑誌評に彼女のことが載ったので嬉しかった。

○ＵＦＯに傾倒、新しい出会いも

その後、私は小説を書くことよりも、事実の取材に興味を持つようになっていった。その中で一番の興味は、ＵＦＯだった。

２ヶ月か３ヶ月に一度出版していた同人雑誌の発行をあきらめ、私は自分ひとりの雑誌を作成した。その内の半分は、自分の小説や童話で、残りの半分はＵＦＯの取材であった。ＵＦＯに関する本は、私が高校生のころからの愛読書でもあった。取材を続けるうちに、次第に彼女のことは遠ざかって行った。しかし、同居していた母の容態は彼女の死とともに悪化していった。母も結構霊感は強く、入院中もそこの病院内で幽霊がぴょんぴょんとベッドの上を跳ね回っているのを見かけていた。そんな母の容態の悪化とともに、３ＤＫ

の私の部屋は寂しくなった。

2冊目の本を出版したころ、ある女性から電話があった。私が佐賀のほうに出かけて取材したその雑誌を、今はもうなくなった佐賀駅前の喫茶「樹林」に置いたことで、彼女はその本を見つけたというのである。明るいその声には、どことなく聞き覚えがあった。福岡からわざわざ「会いましょう」という誘いをむげに断るつもりはなかった。何だか面白そうだった。

UFOの取材に関しては、私はどこへでも出掛けて行った。2号線で車を走らせ、福山まで3日がかりで無名のUFO研究家に会いに行ったこともある。いろいろな人に会うことは苦痛ではなかった。実際、驚くことばかりで、くたびれる暇がなかったのだ。

5月の連休のある日、小倉駅前の喫茶店で私は彼女に会った。私に出会った彼女は、5歳年下で背が低いほうだった。眩しそうに私の顔を見ていた彼女は、「あなたは金星人よ」と言った。

そう言われるのは彼女が初めてではなく、霊的な感性の強い女性からはよく言われる言葉だった。後からの聞いた話では、

「オーラが真っ白で、まともにあなたの姿が見られなかった」

と言い、非常に霊感の強い女性だった。

彼女は、ＵＦＯでは第一人者であるアダムスキーや、霊的に優れたエドガー・ケーシーにかなり傾注していた。話が面白いので、つい時の経つのも忘れて私の自宅で話すことにした。彼女の眉と眉の間の窪みに私の興味が走った。

〈もしかして、第三の目が開かれているのでは……〉

私は彼女に対してそう感じた。

それから、数ヶ月経って彼女との同居生活が始まった。ただ、そのアパートでは住みたくない、と彼女は言った。とくに、セックスをしていると嫌な感じになるという。それは、私も同じだった。浮かばれていない霊を感じとったのであろう。

そこで、引越しと転職を考えた。４ＬＤＫのマンションに移り住むようになって、あまりよいことは起こっていない。ＵＦＯの取材はそのころから活発になっていった。

○「未知との遭遇」の日々

私が仕事に行っている間、彼女は雑誌や新聞の切り抜きをやってくれる。帰宅と同時にＵＦＯに関する行動が始まるのである。

ＧＡＰ（ジョージ・アダムスキーの後援会）が、福岡でひと月に一度あるのだが、それに参加するため、休みを利用してわざわざ天神まで足を運んだ。彼女は私に対して、「宇宙の友達」だと言い続けた。彼女と会ってからＵＦＯを見る機会が多くなった。

そして、ある日こんなことが起こった。ＧＡＰの始まる待ち時間を利用して、５人が公園で寝そべっていた時、ごみ風船のようなものが私の前をゆっくりと斜め向こうへ飛んで行く。それが、電柱より高い位置に来た時、風船の形ではなくてＵＦＯのようにくるっと一回転した。ちょうど、ＵＦＯ風船のようだった。ＵＦＯ風船と違うところは、半分から下が黒く、回転しても下半分の黒い位置は変わることがなかった。

そこで、私はそこにいる人たちに「あれはＵＦＯじゃないか」と言ったが、あんな大きなものを誰も気がつかなかったのは、本当におかしな現象としか思えなかった。おかしいといえば、結構風が吹いていたにもかかわらず、斜め一直線に風の影響など全くないかのように消え去って行ったことだ。このことは、今でも色鮮やかに私の脳裏に焼きついて離れない。

今まで霊的なことで、毎日を送っていたのに、いきなり未知との遭遇のような日々へと生活は一変した。霊的なことと、いわゆる超常現象との関わり合いがどう結びつくのかは行動しながらも考えさせられていた。

それから北九州の小倉でＵＦＯ研究会なるものを発足させ、いろいろな形で取材を始めた。シャンバラヤという理想郷を求めた若者から、ある日電話があった。「遠賀より西の国道あたりで、不思議な宇宙人らしき人を見かけた」と言う。レストランでトイレに入った時、上半身しか映像が映らなかった不思議な女性と巡り合った。トイレを出て、もう一度確認するため外へ出た時には、誰もいなかった。

彼の幼い記憶の中にはＵＦＯの遭遇体験がある。小学校のころ野原で遊んでいた時、突然頭上にＵＦＯが現れた。彼は瞬き一つしないで、その物体を見た。そして、物体はすぐに消えた。それ以来、霊感がついて、人には理解できない不思議なことがよく起こるようになった。自分が地球上では数少ない人種であり、遠い星からやって来たのがよくわかるのだという。

ただ、このシャンバラヤという響きに共鳴し研究すると言ってはいたが、彼は二度と顔を現すことがなかった。

○霊的力を発揮する彼女

それから、私の相棒であった彼女自身も、不思議といえば不思議な存在であった。ホロスコープを使える星座占いはプロ並みであった。しかし、お金をもらうと占いができなくなる、というのでプロになるつもりがなかった。

ある神社に行った時、木の影から霊体を発見した。霊の波動とも合っていた。彼女は超心理研究にも興味があったらしく、博多でリラクゼーションを息抜きでやっていた。体をリラックスした状態のまま、α波がどのくらい出るのかをコンピューターを使って学習するものである。それを指導する先生は、彼女を並外れた人であると誉めていた。

α波の状態は、あらゆるテレパシーや第三の目と言われる四次元以上の世界とつながっている。当然、霊の世界とつながりがあるのは理解できる。直接聞くのは最後まで避けたが、彼女は「白魔術」を使っているらしかった。

星占いの専門書を数多く持っていた彼女は、ある時こう言った。

「昔、アトランティスのころ、あなたがその代表で、私はムーの代表だったのよ」

私はそのころ、自分の後ろにいるのが誰なのかがわかるようになっていた。つまり、背後霊が男か女かわかったのだ。彼女には男の背後霊がいた。アトランティスの最高神官が私であるとあらゆる霊感の強い人たちは認めていた。ただ、50歳を過ぎないと、その本領が発揮できないと言われ続けていた。当時はまだ35歳である。彼女は、通常の霊能者と言われるものたちより、はるかに優れていた。

しかし、彼女も当時はまだまだ未完成で、霊的な受信の感度も非常にムラが多かった。

こんな話もあった。同居していたマンションの家賃が高く、引越しを考えていた時、ある不動産屋に立ち寄った。その不動産屋は、いい物件があるが、そこの大家と面会しなければ駄目だというのである。大家は30分ほどしてやって来た。大家は寿司屋を経営していて目つきの悪い人種であった。奥目でやせており、言葉に飾り気のない人だった。

私は家を見せてくれるように頼んだ。「じゃ、行きましょうか」と言って新築の家に向かった。南区にあるその家は、3階建ての奇麗な家だった。自分の趣味で建てた家らしく、誰にでもは貸したくないと言う。真中に明るい階段を設え、階段の天井は星空が見えるように、プラスティックのカーポートのように階段を覆っている。両脇に2LDKの部屋が4つ。1階はテナントになっている。彼は3階の向かって左側の部屋を案内した。全室フローリングでできた若者向きの部屋である。すべての部屋に大きな窓があった。窓から外の風景が、実に奇麗である。南側斜面は足立山。西側は国道にすべるように車が走っていた。西日が射すころ、オレンジ色に光った車の風景が美しかった。風呂場は緑で覆われ窓を開けると、山の裾野が広がって、のびのびと風呂に入れる感じであった。

　しばらくして、不動産屋に戻った。大屋は「明日また来るように」と言い、「お神様に聞いてみるから」と付け加えた。お神様とはいったい何者だろうか、私は思案を巡らした。すると、何かの神棚が薄ぼんやりと見えた。

　翌日、再びその不動産屋へと出掛けた。不動産屋は「今回はあきらめなさい」と言う。「何故ですか」と聞くと、答えてはくれなかった。納得いかないまま家に戻ると、「私たちが別れるからよ」と彼女がぽつりと言った。それで私は納得した。

　今度は彼（大家）の自宅を訪ねることにした。古いマンションは彼の持ち物だった。5階建ての3階の一番奥に彼は住んでいた。戸を開けると、茶髪の奥さんが出て来た。奥に通されると、彼の読経が始まった。木魚を叩きながら、目を閉じた彼の姿を私は把握した。その後、彼は私に「足が見えない」と呟いた。「それはどういうことか」と聞きなおすと、「家を変わる前に、先祖の供養をしたほうがいい」と答えた。「墓所に問題がある」と、教えてくれた。

　彼はこの読経に到達するまでには、さまざまな苦労を重ねていると、彼の妻は言った。

「水商売の私を助けてくれ、私は彼の激しい暴力に耐えてきた」

とも言った。彼はお経をあげることで、神仏からの恵みをいただいたのだと言った。それにしても、薄暗い宗教だと私は感じた。それから1ヶ月後、私達はまたその寿司屋に2、3の質問を持って伺った。

その時、彼女はその寿司屋の背後に龍が大きくうねっているのを見た。その龍が彼女の前で大きな口を開き、3本の指を差し出した。龍は本来、水晶の玉を持っていなければならない。彼女は咄嗟に、「玉が欲しいって言ってますよ。このきれいな龍が」と彼に言った。

彼女の言葉を聞きながら私は、彼は行をしていると言っているが、本来の行はできていないのだとその時悟った。彼こそが「欲の塊」なのだと。だから、三種の神器の玉を龍が受け取ることができないと判断した。

私は彼女の目を通して、確かにその龍が見えた。その時、彼が薄暗い滝場で白い衣を着て滝に打たれている姿が見えたのだ。彼は完全に行者だった。しかも、未完成だった。私はもう、彼には用はなかった。

しかし、彼女は彼を高く評価していた。さらに私には、彼が昔、野山を走り回る山伏であったのが見えた。彼もいっぱしの霊能者なのだった。これは、後でわかったことだが、彼の趣味で建てたマンションの入居者は、四六時中変わっていたのだ。彼はいろいろな人の相談事もやっていたようだが、当たっていないことがさぞ多かったであろう。

○「仙人のセミナー」に行く

彼女は今回、霊的なことに携わったのだが、本来、彼女の視野は宇宙にあった。彼女は霊能者とか霊的に目覚めている人に深く関心があるらしく、知り合いになった前妻の姉婿を私は紹介した。

彼女は彼とすぐに親しくなった。霊感の強い者同士は引かれ合っていった。彼女が切り出したのはUFOのことだった。彼は最初、あまり興味を示さずにいたが、そのうち次第に興味を持ち始めたのである。

数日経って私が彼の家に行くと、「写真を撮りに行きましょう」と、私を誘い出した。私は持っていたポラロイドを片手に、彼の案内する場所へ彼女と出掛けた。星空の下へ行ってシャッターチャンスを待ち、数枚撮ってみた。今度は「私が撮って見ます」と彼に写させてみた。数分後、映像が入った。確かに、彼はキャッチした確信があったという。

それは、不思議な映像だった。空にはまったくUFOらしきものがないのに、写真には写っていたのだ。一枚の写真に2つの映像が写っている。左端には4つの丸いものがある。

色は赤、黄、緑、白、真中には赤と黄色。右端にはない。これは、アダムスキー型のUFOを下から見たものだろう。

　そこで、翌日写真屋へ行って、そのポラロイド写真を四つ切りの大きさに拡大するように頼んだ。ちょうどその翌日、彼から電話があった。

「実はその写真を裏付ける夢を見ました。いや、見させてくれたといったほうがいいかもしれませんね。ポラロイド写真は、暗くてわからなかったのですが、それが明るい状態で動いてくれたんですよ」

　その内容は、左の端がUFOを下から見上げた形であり、真中はそれを横から見た状態である。一番右は、上からUFOを見たのだという。彼の夢はUFOが一回転したことを、映像として彼に見せてくれたようだった。

　この資料を基にUFOの研究が盛んになった。当時の「読売新聞」にも我々のことが大きく取り上げられた。そのころには私自身も霊感やテレパシーが、かなり理解できるようになっていた。

　実際、UFOはよく見ていた。彼女自身も私に巡り合うことで、霊感は高まっていった。新聞報道がなされるころには、そのグループが10名くらい集まっていた。そして彼女はある時、雑誌「ムー」に載っていた四国の霊能者に会おうと決断した。

霊能者の家は、香川県にある金毘羅山の近くであった。写真に載っていたのはあごひげを長く生やして、年齢は若者か初老かわからないが、瞑想している男性の姿であった。家の造りも六角形で、相当お金がかかったものらしい。その建物を記念してかどうかは知らないが、北海道から雑誌「アクエリアス」を出版した女性のセミナーが開かれるというので、お金を借りてでも行こうということになった。

5月のゴールデンウィークを利用して、私たちはそこへ向かった。本州―四国間に瀬戸大橋ができたばかりの時だった。美しい瀬戸内海を眺め終わると、まもなくその家にたどり着いた。たどり着いたといっても、すんなりたどり着いたわけではなかった。田舎道をぐるぐる回って、ようやく着いたのだ。セミナーの1日前に着いたので、まだ誰も来てはいなかった。

と、思うのは早計で、奥座敷にもうすでに二人来ていた。彼らは2日前から寝泊りしている様子で、一人は高知から来たお坊さんのような男性だった。

しばらくすると、そこの主人である仙人がやって来た。顔はつやつやして私よりも若かった。すぐに、彼は家の造りを説明した。六角の家の真ん中には六角形の大黒柱が2階まであり、大黒柱の周囲に水晶が埋められてあるとのこと。もちろん、家の周囲にも水晶は埋められてあった。彼の生活はいったい何であろうか、と考えるほど我々の生活とはほど遠い、本当の仙人のような生き方をしていた。地主なのでお米は十分過ぎるくらいある。献身的でかわいい奥さんが来てくれて、夕食の用意をしてくれ、「お金はいらない」と言う。お坊さんのような男もただでムシャムシャとご飯をよばれていた。

四国という土地柄もそうだが、部屋の空気そのものが奇麗であった。荒ぶる気持ちにはなれず、穏やかな時間が流れていった。

セミナーが始まる前、いろいろなことが起きた。まず、彼は前世の記憶があるらしく、肩から切られた刀傷の痕が痛いと言っていた。彼は幕末の有名な志士「中岡慎太郎」の生まれ変わりである、と自信をもって言った。「アトランティスを信じるのか」という私の質問に「信じます」と答え、「私自身も当時生きていたし、イルカとテレパシーの交信をしていたように思う」と言った。何せ仙人のような人種に出会ったのは、生まれて初めてであったので、何から何まで感心するのであった。「私が金星から来た、ということも信じるのか」と聞くと、今度は「よく見てから答えます」と言って自宅に帰った。自宅といっても、離れにある昔ふうの農家だった。

翌日、セミナーが開かれた。北海道から来た先生は、55歳くらいの活気ある女性だったが、かなり男性化した感じに見えた。服装は、柔らかいシルクで特別につくられたアイボリーの上下でふわっとしていて、当時は気がつかなかったが、アダムスキーが出会った金星人そのものの服装だった。ふつうはそんな服を着るのを見たことがなかったのに、私自身は何の抵抗もなかったのが不思議であった。招待もあったのだろうか、100名くらいの人がその建物に集まった。そのセミナーの録音テープが、今でも私の手元にある。

それは3、4時間のセミナーだった。私は北九州でUFOの研究グループに入っていることや、UFOの写真、例のポラロイドで写した写真を見せながら、自己紹介をした。録音を後で聞いてみると、自分が主役のような自己紹介であったな、とかなり反省した。

その後、先生は延々と長くて面白い話題をいくつも交えながら、終始笑顔を絶やさずに話してゆく。印象的だったのは、スイスのマイヤー氏が録音したUFOそのものの音だった。

金属音のようなその音は、瞑想すると土星の輪のようなイメージがあった。仙人も目を閉じていた。ただ当時、そのUFOの音はいつまでも聞きたい音楽のようなリズム感であった。これが本物であるのかないかは、その会場では問題にならなかった。純粋な心の持ち主の人ばかりで構成されているのだなと思った。最後は円柱に向かって、大きな声をあげるということで、締めくくった。

終わってからも、私たちが持ち込んだUFOの写真は話題になった。午前中で会が終わると、希望の参加者は金毘羅神社に詣でた。終始和やかなムードだった。先生は、金毘羅神社のあとは北海道に帰られたようだ。

その後「アクエリアス」は2号で出版が終わってしまった。出版物は2号で終わることが多い。「アクエリアス」も例外ではなかった。

話は元に戻るが、金毘羅神社のあと、残った我々は讃岐うどんを食べに行った。そこで、広島大学の講師とはぐれてしまった。連休ということでごったがえしていたのは事実だったが、その講師はテレパシーを送り続けていたという。実は、仙人の建物では超能力の開発と研究のための講習をやっていたのだ。後から聞いた話では、ひと月に50万円だという。20分くらい遅れて講師は店へやって来た。開口一番、彼は仙人に、

「先生に、講習で習ったテレパシーをずっと送り続けたんですよ」

そう言うと仙人は、「混雑で把握しきれなかったんですよ、きっと」と苦虫を噛み潰したように答えた。

仙人もこの程度なんだと、内心はがっかりした。

ほとんどの人が帰り、5、6人残って仙人の建物に戻った。講師たちはそれが決められた日程らしく、コンピューターの前に座り、α波の訓練をしていた。私はうまくいかなかったが、私の相棒は皆が驚くほどα波を出し切っていた。そして仙人たちが、奈良の天河の里でつくったという瞑想音楽のカセットを購入した。

翌日の朝のことだ。

仙人は近くの山へ竹の子を取りに出掛けた。そして帰ってきて、我々に話した。

「例の質問『私が金星から来た、というのを信じるか』に関しては、本当だと思います。竹の子を掘っていると、真実がよく見えます。だから、わからなくなった時は、竹の子を掘りに行くのです」

そのあと、彼の超能力を見せてくれるよう頼んだら、私の相棒を座らせ、彼女に目を閉じるように言った。

3メートル離れた所に彼は立って、まるで蝶のように彼女に向かって羽ばたいた。すると、風が起こった。彼女は気持ちよさそうに、目を閉じその風を浴びたのである。彼女は、終わった後、「気持ちよかった、ほんとに」と言った。

そのあと、私がしてもらうことになった。仙人は嫌々ながらし始めた。すると、風は来るのだが、何の変化も起こらなかった。終わった後、彼は私にこう言った。

「急に刀を持った男が、私に向かって来て、その刀を振りかざすんですよ。私は途中で止めました」

今度は彼女が、

「どこかで変な霊を拾ってきたんじゃないの。よく拾うんだからこの人は」

と笑ってごまかしていた。咄嗟に私は、江戸末期あたりで彼とは反対の立場にいたのかなとも思った。仙人が言って初めて、刀を振りかざした男の姿が私の目に入った。はかまを履いた自分の姿のようにも思えたが、私には人を殺すという魂の歴史はまったくない。

○霊的に優れた人たちとの出会い

その後、食事を終えて雲辺寺山へ登り、UFOを見ようということになった。ロープウェイで山頂まで行き、昼食をしながら、空に向かって写真を撮り続けた。すぐに現像して夕方には出来上がった。

その中で、小さな白い点でUFOと思われるのが一つだけ見つかった。早速霊能者に頼んで見てもらった。どうも間違いないらしい、との答えだった。

翌日になって、私たちは帰宅の途についた。それから数週間経った日曜日。私たちが同じベッドに寝ていた時、金髪のきれいな女性が私の目に入ってきた。見たことのある女性だった。例のスイスのマイヤー氏のところに現れるアスコットという女性にそっくりだった。私がそのことで目を覚ますと、相棒も同じものを見たらしく、同時に目を覚ましたのである。

そのことを話すために、四国の仙人に電話した。しかし、電話の内容はそのことよりも、彼はアトランティスの言葉に興味を覚えたみたいだった。私は「ワーラヤ、サンパリヤ〜」を教えてあげた。

その呪文を仙人が唱えながら眠ったその夜、大きな大黒柱に4、5人の金星人らしきものが、上からゆっくりスローモーションのように降りて来たと言った。それが、夢か現実かがはっきりしないとも言った。とにかく、オレンジ色の透き通った霊体だったらしい。

その後、仙人への連絡は私は殆どしなかった。ただ、彼女とはのちのちの連絡はあったようだ。彼女自身、霊的にもっと優れていたいという望みがあったようだ。

四国から帰って、いろいろな人と巡り合う機会が多くなっていった。

まず、彼女がもっとも信頼していた佐賀の霊的に優れた人を紹介された。年齢は、私より2、3歳年上だった。その当時は小さな建設会社の社長をしていながら、比較的大きなある宗教団体に所属していた。彼はかなりのUFOの目撃をしている。彼女が彼を信頼している理由が、ある時、私の前で言葉になって現れた。それは、こうである。

場所は中近東のゴルゴダの丘のような岩ばかりあるようなところで、小さな子が5、6人いる。その子たちは皆、教会で着るような一枚布の白い絹をまとい、前にいる教師の話すことにじっと耳を傾けている。その教師の顔を見ていると、社長の顔そっくりだった。そして、子供たちの顔を見ていると彼女自身の顔が見えたのである。

教師の顔の背景には青空があり、空には「慈愛」という文字が描かれていた。彼の話しぶりから「慈愛」という言葉がピッタリと合っていた。彼女がそのことを告げると、「ありがとう！　これで過去世が少しわかったようで嬉しい」と喜んでいた。

我々がサークルを開いて間もなく、不思議な青年が姿を現した。彼はヨーロッパ、とくにイギリスのファッションに関心があり、商売を兼ねて日本と外国を往来していた。イギリスの衣類を買い集めて、日本で販売していて、車もイギリス車であった。話ぶりや、感性のあり方も欧米化していた。

彼は霊的に優れているというより、ＵＦＯの遭遇にはかなり多くの材料があった。ＵＦＯ研究家である韮沢潤一郎氏を招いて、会合が開かれた時、彼はＵＦＯの遭遇の話を積極的にしていた。かなり真に迫った話で、20人ほどいた聴衆をくぎ付けにした。戸畑の区民会館で話した後、北九州市総合体育館の前にある新池の頭上ではＵＦＯが飛び交っていた。それほど、ＵＦＯの話は盛り上がっていたのだ。

私は彼の感性がとても好きになっていった。そして、グループのひとりが安倍山山麓にある新しいマンションに新居を構えることになり、その眺望のよい所に遊びに行った。そこでUFOを観察しようということになった。

そこで私は、彼に軽くヒーリングをかけてみた。彼はすぐにかかったが、周囲の評判が悪く「悪魔的だ」ということになり、後日、私の自宅でヒーリングを行うことになった。彼はそのヒーリングの中で、UFOに乗って宇宙を観察するという体験をしたのである。その時のやりとりはテープに録音されて残してあるが、紙数の都合で紹介するのは次回に譲ることにする。

当時はUFOのことばかりが頭にあって、意識が狭い範囲だけ動いていたと思われる。ただ、遠い星座に行けば行くほど、私の体温は冷えるばかりであった。3時間あまりの彼へのヒーリングは体力の消耗が激しかった。

現在はパワーもつき、幅広くヒーリングができ、2、3時間くらいでは疲れることもなくなった。そして、より鮮明な画像がヒーリングを受けた人に与えられるようになった。

現在、過去、未来において、そのことが完全に正しいのか、といえばクエスチョンマークはかなり残るだろう。だからといって、完全にヒーリングを否定できるのかといえば、ノーと私は答える。現在の科学では証明できないさまざまな事柄は、想像やインスピレーションで判断し、数年を過ぎた段階で実現している。

科学というものは、この2つの事柄なしでは発展しないものだし、時間の経過を取り除けば「現実そのもの」ということが理解できるだろう。つまり想像は現実なのだ。

ヒーリングには裏付けが必要である。あまり架空のことを書き過ぎても問題が出るだろう。ノストラダムスが、１９９９年7の月に天変地異が起こると予言したが、結局何も起こらなかった。予言というのは極めて難しい。その点、結果を書くのは極めて楽である。このヒーリングも予知や推測の事柄は、かなり多いと思う。だからといって否定ばかりでは、何も解決しないのである。それがよい証拠に、ＵＦＯについてのアメリカ政府の見解は、否定的で嘘があまりにも多いということである。

20年前、いや30年前は、ＵＦＯを取材、研究しているだけで、国家機密を漏らすという名目で謎の死を遂げたり暗殺されたりしていたのである。

結局、私と同居していた彼女もこのことをきっかけに、離別の羽目に追いやられた。「魔の手」が差し出されたのである。私がヒーリングをした好青年は、我々二人の離別を最後の最後まで反対し、「何とか別れないようにしてほしい」と我々の自宅まで訪ねてそういってくれたが、その甲斐もなく二人の別離を確認して淋しそうに帰って行ったのだ。

私は彼の意思を大切に思い、「どんなことがあっても出版するぞ！」と思い続けていた。

ＵＦＯの世界は、非常に霊的な世界と関係があるように思えてならない。それが証拠に、霊感や直感の強い人ほどＵＦＯはよく見るようだ。逆にＵＦＯを否定したり、見たことのない人は、頭の一部が固まってしまっているか作用していないない。

日本人的な霊感や霊能者のほとんどがＵＦＯを否定する人が多いのは、日本人のレベルの低さを物語っている。

第三章

生まれ変わり

○私の転生と妻との出会い

ここからは、現在の妻である女性に話を移して行く。妻との出会いも、不思議なものだった。友達の紹介という電話が、いきなり入ってきた。声のトーンや質から判断して、女優の岸田今日子を思い浮かべた。

途中、何を話したのか今ははっきりと思い出せないが、急にアトランティスの話になった時、青く透きとおった水の中に吸い寄せられた状態に彼女は入っていった。その幻想状態を私も味わえた。タイムマシンがそこにあって、二人が同時にその世界へと潜り込んだ、といった感じだろう。

それも二人が一糸まとわぬ姿で、水中の神殿へ向かっていた。水中で息をしても、何も苦しくないのだった。水中の奥深くまで太陽の光が入って、二人は戯れているのだった。水の中で生ずる泡と太陽から来る光線とが、今まで味わったことのない幻想世界を現実に近いものとして位置づけてくれた。

アトランティスが、自分にとって遠い故郷であることは間違いのない事実であろう。仏教用語で「輪廻」という言葉があるが、懐かしい言葉の響き、それは魂だけが覚えていることであろう。

現実しか理解できない人々が多くいるのに対して（それは男性が多い）、女性の多くはこの「輪廻」や「転生」に何も疑わずに素直に入っていく人が多い。ただ、霊界のことだけを考える人は多いが、宇宙からの転生を考える人は、意外に少ない。

そこで、まず私自身の輪廻を調べるために、霊感の強い女性にヒーリングをかけた。私はアトランティスの最後の神官であり、地上を一瞬にして埋没させたものであることは間違いない事実であろう。その罪を償うために、私は何度も地上で転生している。

一度目はイギリス人。この時は、イギリスでもスコットランド辺りに生まれた。エディンバラに興味を持つのだ。1981年にSF短編小説『風と渚』を書いた時に、このエディンバラ城が出て来ている。二度目はスイスでの牧場主だ。三度目は再びイギリスの裕福な新進作家だった。私が物心ついたころに詩や小説で興味があったのは、イギリスの詩人や作家であったからだ。あの馬車の音、燕尾服、シルクハット、それに霧深い風景。これらは、すべて懐かしい気持ちでいっぱいになる。イギリスの社交界でダンスやパーティーを楽しんでいたのが、思い当たる。

四度目は日本の有名な歌人藤原定家だ。これは私自身うなずけるところが多い。小学校の時には百人一首にこり、中学校の時にはかなり離れた海岸まで歩いて、俳句や和歌を作っていた。特に月を見ると胸に込み上げるものがあった。大人になるにつれて次第に詩作から小説の世界に入り、ノンフィクション、霊的な世界へと入っていった。

私の体の中にはあの平安末期の「おじゃる」の世界が、何ともいえず漂ってくるのである。定家が百人一首を選び出す時に使用した暗号、いわゆる魔方陣はコンピューターを使っていたと思われる。私が彼の転生だとしたら、それは間違いなくそうしたであろう。

私の人生は必ずそばに宇宙人がいる。私の妻にヒーリングをかけて確かめた時、定家は「しっ！」（黙っていろ）と囁きかけた。それは、彼の人格を下げるものではない。むしろ、彼のレベルが高いからこそ、宇宙人と接近できるのである。接触できたのは誰もいない野原で、月明かりの夜がほとんどであった、と確信する。

○ ヒーリング　神崎真希さんの場合

神崎真希（25）さんは、前に紹介した幽体離脱の経験者である。

アトランティス以降、彼女の地球での転生は5回らしい。彼女本人は、執筆するのがとても苦手のようなので、今回はテープを聞きながら再現してみた。

一番初めの転生の場所は、ヨーロッパの小さな国スイスである。何世紀のころかと聞くと、彼女の一番嫌いな数字7と出る。つまり7世紀だ。以下は彼女のヒーリングの言葉である。

「建物、乾いた土、門が見えている。壊れかけた門、そこに文字が刻んである。黒い髪の毛の人は誰もいない。

今見えるものは、人が草を刈っている（そこは牧草らしい）。小さな鎌で草を刈っている姿。白い服を着て、その草を抜いている。それを束ねて、少し家に保管して、よそへ売りに行く。あまり民家は建っていない」

当時の彼女は、すでに結婚しており、相手は今世紀再び一緒になろうとしている人。この地球での縁の深い結びとなった初めての場所が、このスイスらしい。そのころは、子宝に恵まれて、貧しいながらも楽しく心豊かに暮らしていた。ヒーリング後の真希さんの話によると、当時いたスイスでは、壊れかけた石段が家の周りにあって、その外はまるで緑のじゅうたんのように広い草原（牧草地帯）があったらしい。身に着けているものは、いつも白い服で、頭の中で浮かぶものは、白と赤の国旗のこと（これは私がヒーリング中に地図を広げさせ場所を特定させたことによるもの）。

そして、寒いところの感じが全体にあり、夏があまりないと思えたらしい。今の彼女が、チーズ好きなところもスイスと深い関係があるのかもしれない。

第二回目の転生は中世のフランスで、いつもトランプ占いの場面が出てくる。占っている人は、松尾宣子さん。宣子さんが姉で、彼女が妹。大きな丸い木のテーブルをはさんで、向かい合ってトランプを持っている姿。二人はわりに豪華な背もたれのある椅子に座っている。服装は優雅なドレスに身を包み、結構いい暮らしをしていたように思われる。常に宣子さんから怒られているらしく、例えば、占いのカードが必ずダイヤの「7」と出ると、「ほら、だめでしょ!!」と言われている。現在の彼女がダイヤの「7」が大嫌いと言っているのはこのためであろう。

そして、このフランスで彼女は愛しき男性とだめになる第一歩を踏み出した（以後、転生しても100回の接触がフイになる）。当時の彼女は、とてもわがままで、とうとうどこかへ行ってしまい、彼とは結婚できずじまいだった。

第三回目の転生は、室町から江戸時代あたりの日本でお城住まいだった。それも、大奥みたいなところで、周りは女性ばかりだ。着物を着て、裾を広げて歩いていた。その時着ていた着物の色は全体に薄い水色っぽい。当時はお姫様のようである。彼女は好きでもない人と一緒に住んでいたらしく、何度かその城を抜け出している。そのたびに捕まり、死のうと思ったができなくて、とうとうそこで年をとってしまった。いつも嫌でたまらなかったお城の生活だったが、周りの人から「年をとってもお城じゃないと、こんな生活できないのよ！」とたしなめられ、「我慢しなさい」と慰められていた。そして、悲しみに暮れながら、いつも外を眺めていた（高いところから、下の方を眺める感じ）。

その時、町人らしい彼の姿が彼女の目に焼きつく。彼が通るたびに恋をしてしまうが、すれ違いの恋となってしまった。次はヒーリング中の言葉だ。

「見えるのは高いところにあるお城。岐阜か信州松本辺り、それとも名古屋城？　そして着物を着ている女性が一杯いる。大奥みたい。お姫様かも」

後々わかることになるが、彼女の親御さんの実家はなんと松山で、当時ご先祖は地主で弘法大師にも縁があるという。

第四回目の転生は、18世紀のアメリカ南部にある小さな半島だ。カリフォルニアかメキシコ地方だろう。当時はコーンばかりを食べていたせいか、今の彼女はコーンが苦手になっている。そのころの彼女は体が大きくて、このヒーリングになると、今の体がモワーと大きくふくらんだ感じになったという。

そして、彼女は農家にいて、愛する彼はいつもそばにいたが、話ができないままだった。この時は、彼以外の人と結婚してしまった。納得のいかない人生みたいで、いい思い出もなく克明に覚えてないとのこと。

第四回目から今世紀の五回目に至るまでの間は、真っ暗な映像しか見えなくて、地球での転生に空間があったと思われる。

第五回目の転生である日本での彼女は、愛しき彼と結婚目前である。

第四章

有名人の謎

○キリストのヒーリング

偉大なキリストの魂を普通の体に入れてもいいのかは、私自身実に迷ったが、キリストの本音が聞きたくて入れてみた。ただ、私以外の人がこういったことを行うと、天罰に近いものが来る。私は許可された人物ということらしい。キリスト教信者にはこのヒーリングは信じられないことかもしれない。

2000年7月26日（水）6：45PM

「また呼んでごめんなさいね。忙しいね。どうですか？　前に聞いた資料がないんですけど……。持って帰っていませんか？　もう一度キリストの生立ちの本を読みました。生立ちのころからの、2000年ほど前、紀元前4年のころです。ベツレヘムの町外れ……（キリストは笑っている）生まれる時の話を聞かせて下さい」

キリスト「本を読めば十分ですよ」

「光が入ってきて馬小屋に生まれた話」

キリスト「くさかった！」

「くさかったことを覚えてますか？　泊まるところがなかったみたいね」

キリスト「そうですね」

「たまたま馬小屋に生まれてしまった。当時の王様は悪いですね」

キリスト「意地悪ですね」

「気が小さいのかな？」

キリスト「うん。だれかといっしょ」

「光が落ちてきたこと、自分でもわかったのだろうか？」

キリスト「ううん、それはわからない」

「大工の父ヨセフとその妻マリアの間に生まれる。お父さんはいい人？」

キリスト「普通の人、一般の人。何もわからない人」

「大工のこと以外はわからない」

キリスト「木とかのことはすごくわかるけど、気持ちが優しかっただけで。母がとてもよくわかる人だったみたいで、幼少のころに女の人を見た時も（私の名前を呼んでパッと目の前を通り過ぎた人、聖母マリア）、前にも言ったと思うけど、母に言うと、心が優しいから見えたのでしょうと言って少しもびっくりしなかったですよ。それが小さいころの最初のこと」

「生まれたばかりのキリストがヘロデ王に殺されかけたのよね？　救世主が現れることがわかって、（救世主がベツレヘムで生まれると聖書に載っていた。その年12月24日に記されてあった）」

キリスト「私の誕生日」

「ベツレヘムに光が入ったということで、学者とヘロデ王が探しにかかった」

キリスト「血まなこになって探していた」

「2歳以下の子はみんな殺されたよね。その前に神様のお告げがあったよね？　逃げなさい、エジプトへ逃げなさいと。大変だったみたいねー」

キリスト「とても大変だった」

「怖かったんでしょう？」

キリスト「もう殺されるとわかっていた」

「お父さん、お母さんは大変でしたね」

キリスト「守ってくれました」

「でも、神様のお告げがなかったら殺されていましたね。ヘロデ王に追いかけられて逃げて行きましたね」

キリスト「一生懸命、逃げました。うーん、とても大変でしたよ」
「お父さん、お母さん大変だった」
キリスト「父が大変でした」
「子供が2人生まれるのよね、弟が2人かな?」
キリスト「弟が2人。男の子ばかり3人です。その本は何ページまでありますか?」
「170ページ」
キリスト「80ページくらいから何て書いてありますか?」
「イエスが大人になって伝導に入るころかな。順番に行きます。12歳ころからわかってきて、大工の仕事をする反面エルサレムの町に入って、ここでいろいろな教えが入ってくるんじゃないかな?　エルサレムで」
キリスト「そう」
「エルサレムでいろいろ教える人いるね。ラビたちの話をいっぱい聞くんだね。覚えてます?」
キリスト「いっぱい聞きました」
「お父さんが二日がかりで探していたけど、どこにもいなくて、神殿を探してたらその横でラビたちと一生懸命話しているイエスがいましたね。その時の話はどんな内容だったのかな？　どんな質問が多かったのかな？　12歳の子供が……」
キリスト「それは書いてない？　じゃあ本当かどうか確かめることができないですね」
「どういうものに一番興味を持ったわけですか？」
キリスト「こうやって……（手を組む格好）」
「手を合わせてお祈りするの？」
キリスト「母からいつも教えてもらっていた。いろいろなこと、ぼくたちのこと……」
「旧約聖書？」
キリスト「うん。普通のお話とか、12歳の子がする本当に普通の話とか、学校でするようなお話と、それともう一つある」
「モーゼの十戒をずっと読んでいましたね」
キリスト「それればかりではバカと思われる。おかしくなっちゃったのかなって。違う話もしていました。聖書を読んだりしながら……」
「何が楽しかったみたい？　ラビの話が」（律法などを知ってる学識者のことをラビという。仏教でいえば僧のことを指す）
キリスト「聖書をたたんだ時に、普通の12歳の男の子の話をして、開いた時に聖書の話をして、聖書を開くことが多かった」

「この物語の中には、話の中間が書かれてなくて」
キリスト「中間がない？」
「中間の記述がされてなくて、30歳ごろから本が始まる」
キリスト「父の仕事を手伝いながら、聖書を読みながら、平凡な生活をしていましたよ」
「だから載ってない。大きなことがないみたいですね」
キリスト「ずっと同じことの繰り返しでした」
「30歳の時、ヨハネに洗礼を受けた時から変わりましたか？　逆にヨハネが洗礼を受けたと」
キリスト「そんなことも言っていましたね」
「家にも帰らずそのまま瞑想の世界に入ったのですか？」
キリスト「そう」
「覚えていますか？　40日間断食の世界。その時にサタンが出て来た。それは本当ですか？」
キリスト「ううん、その時じゃない」
「サタンは？」
キリスト「どこからそうなっているの？」

「これは完全に作ったね」（その本に書かれたこと）
キリスト「その時は楽しかった。断食はおなかがすくけど、自然と一体になり苦しくはなかった」
「ヨハネがヨルダン川に連れて行って水の中で体を清める。それから変わったね。人生がそれから変わったんですね」
キリスト「うん」
「その時ヨハネはどうでした？」
キリスト「すごいね。すごい」
「力はあった？」
キリスト「うん、びっくりするような……」
「チャクラがいきなり開いた？　全身が変わった？」
キリスト「頭の先から足の先まで、衣を一枚脱いだ感じになった」
「すごいねー」
キリスト「この人すごい。でも私のことわかっていたみたいだよ」
「洗礼した人がイエスのことをわかっていた？」
キリスト「そう」

「40日間食べなくても平気でした？」

キリスト「平気じゃないけど瞑想していますから。動くことがないでしょう？　そこにじっとすわっている。おなかがすいたなーくらいはあるが、自然と一体になれて苦しくなかった。今のこの子（真希）がそう」

「苦しくなかった。そう。じゃあ悪魔のことは嘘なんだね」

キリスト「嘘うそ。そんな時にやっつけられないですよ。修行に入っているんですから。仮にサタンが来ていても見えない力で誰かが追い払ってくれたんでしょう。私は知らないです」

「嘘が多いね。こういう本は」

キリスト「うん。そういう本で本当のことを書いているのは少ないですよ。サタンが出て来たとか、まず瞑想中にあると思いますか？」

「まずないでしょうね。〝おなかがすいただろう。これを食べたら。ここから飛び降りてみたら〟って」

キリスト「合っているとしたら、この子（真希）が読んだあれ（洗礼の場面）が合ってますね」

「ヨハネが（イエスが洗礼を受けたと聞いて）ヘロデ王に捕まってしまった。ヘロデ・アンティパスは息子のほうだね？　ヨハネが捕まってしまったのはかわいそうだったでしょう？　そうしていくうちに、だんだん布教が始まってゆきますね？」

キリスト「そうですね」

「かなりいろいろ奇抜なことを言って皆から追いたてられる。迫害にあっていますね」

キリスト「度を越したのですね」

「度を越した？　だんだんそうしていくうちに人を助ける方法に入っていく。超能力がついて来るのはこのあたりから？　カナの村でただの水をブドウ酒に変えた。この話は本当ですか？」

キリスト「お水を……」

「ブドウ酒に」

キリスト「加えたの」

「ブドウ酒を加えたの？」

キリスト「ブドウがあってお水はここにおいといて、ブドウをどうにかして飲めるようにしたんですよ。ぶどう酒はできない。そんな力はありません。ポンとつくることは、魔法使いじゃないからできない。飲めない水を飲めるようにする可能性はありますよ。でもお水からお酒には……わたしはできない。」

「これはできるんじゃないですか？　不自由な手足、耳目の悪い人を治すことはできるでしょう？」
キリスト「それはできましたね。力を与えてくれたんでしょう。きっとその方たちも心が豊かだったと思いますよ」
「気持ちで癒されて来るのね？　何千人の人が治してくれっていう状態が確かにあったんですね、12人の弟子たちを引き連れて」
キリスト「来ましたね。12人」
「いっぱいいいたのでしょうけどね」
キリスト「それぞれ力を発揮してもらいました」
「ここで奇跡が起きたけど、ガリラヤ湖の丘の上で4000人いた人たちが空腹になって、どうするかという時に5つのパンと2匹の魚で食事を作ってあげたのは本当ですか？」
キリスト「ちょっと……パン5個、2匹の魚ではね。パンと魚は多量ですよ。それと小さい……」
「赤い？」
キリスト「赤じゃない実の食べ物、それを入れてかきまわして渡した。パン5個とかで、4000人をまかなえません」

「4000人分を出してあげたのは本当のことですか?」

キリスト「本当のこと」

「ということは無から有を出したということ?　少しのパンと魚で4000人の食事をまかなってあげたのでしょう?」

キリスト「無からじゃない」

「神様からいただいた。出してくれたってこと?」

キリスト「うん、食べ物をつくりなさいって運ばれてきたのです」

「神様から出されてきたわけですね」

キリスト「私にはそんな力はありません。何事も神様からしてくださる。誰が書いたの、その本?」

「実話に基づいたものです」

キリスト「5個のパンと2匹の魚で、今、私が力を使っても感謝することができますが、何もないところから4000人の人がお腹いっぱい食べることができますか?　せめて40人なら可能かもしれませんが、ちょっと4000人は……」

「難しい?」

キリスト「面白いですね。いろいろなことを書きますね。そんなこと本気にするでしょう。

神様からいただいたと、小学生が思うと、どう感じますか？」

「魔術とか、そう感じますよね」

キリスト「しかし、４０００人という数字もすごいですね」

「実際は？」

キリスト「たくさんいたことはいたが、数えられない。知りません……。100人単位だったのでしょうね。500人とか。そんなに多い人数じゃないですよ」

「そうしたら、今度は安息日に伝導したことがパリサイ派の学者たちの反感をかった。（状況が）だんだんひどくなっていますね。最後にエルサレムに入りますね？」

キリスト「そう、それは合っている」

「ロバに乗ったエルサレムの救世主と呼ばれて、皆が集まってくる。エルサレムは神聖なところなので商売をしてはいけないと言ってイエスが怒ったけど、それは合っています？

　商人たちの道具を外に出して怒った？」

キリスト「大声なんか出してないですよ。神聖な場所ですけれど、迷惑のない所でしましょう、とそれは言いました。それをきっと、大声だと書いているのかもしれません。私の中では大声だと思っていませんでした。ごめんなさい」

「そこが、パリサイ人の反感をかった。王様が殺そうと狙い、ユダがその中で裏切り行為をやった。金貨30枚もらって裏切り行為をしたのは覚えていますか？」
キリスト「覚えている」
「つらかったでしょうね。ユダの裏切りをわかっていたのですね。それで最後の晩餐をしたわけですね？　弟子たち一人ひとりの足を洗ったのは本当ですか？」
キリスト「うーん。そうでした」
「死ぬ前の状態を覚えていますか？　予知で見たでしょう？」
キリスト「見ましたよ。足ってどこからだと思いますか？　膝から下」
「きれいに洗ってあげた。清めてあげたのですね。ユダの裏切りによって連れて行かれたのですね。」
キリスト「仕方ないね。見えなかったのですから」
「森の中で捕えられた。どうでしたか？　捕えられた時は？」
キリスト「んー、最後だと思った」
「12人の人はどうしましたか？」
キリスト「12人の弟子」
「逃げたの？　どうしていたのだろう？」
キリスト「もう死んでしまった」

「助けてくれなかった。(彼らは)自分が助かればいいと思った。散り散りばらばらになった」
キリスト「捕まったら助からない。死んでしまった」
「でも、ペテロは逃げたのじゃない？　逃げていきましたよね」
キリスト「そうではなくて、彼はどうしても行ってしまう」
「最初から？」
キリスト「うん。(信念がなくて消えてしまう人物だった)」
「イエスを裏切ったユダは、首をくくって死んだの？」
キリスト「うん」
「かわいそうだね。自分の罪だよね。十字架にはりつけになったこと、覚えていますか？」
キリスト「はい」
「どうでしたか？」
キリスト「一つ目の思いは悲しかった。二つ目の思いは自分がいいと思ったことでも周りはそうではないかもしれない。助けた人は多かったけど、皆助かるわけではなかったから。信じてくれた人にありがとう、という思い。三つ目は残念、悔しいから、それがだんだんこう出ていってしまった」

「そういうものがだんだん消えていった？（俗っぽい考え方がなくなったということ）すぐ死にましたよね。4月7日の金曜日、午後3時ごろ、33歳。すべて3がつく。3日したら、よみがえると予言して」

キリスト「しました」

「3日したら、墓からイエスの肉体が消えた。それは神様の命令で出来たことですか。イエスの亡骸はどこにもなかった」

キリスト「そう、神様が予言したことを実行してくれたのでしょう」

「以前、ヒーリングをした時、足や手が痛かったのは取れましたか？」

キリスト「取れました」

「足の痛みはない？」

キリスト「すっかりよくなりました。手も全然。お腹も。お腹がいっぱいじゃなくても、今は心が満たされている感じです」

「衣類は汚れていませんか？」

キリスト「大丈夫」

「それが気になってね」

キリスト「奇麗ですよ。新品と同じくらい。守っていくのに汚い格好ではね……神様に奇麗にしてもらいました」

「あんな時代に大変でしたね」

キリスト「しかし、あの時代だから出来たこと、たくさんありましたよ」

「例えば？」

キリスト「傷口とか心。いくら食べ物がなくても、助け合えば楽しい。豊かにするということ」

「今の時代では、なかなか難しいですね」

キリスト「あの時代だったからできました。でもこういう時代だから心がないのですね。あのころの時代は、皆、心がありました」

「いいにつけ、悪いにつけ？」

キリスト「悪いことをしていても、それが自分ではちゃんとした道と思う。勘違いがあるのですかね。芯からそう思って進んでいました。だから、私にもし力がなければできなかったことでも、あの時代だったから心が豊かになれたのだと思います。今の時代は、いいにしろ悪いにしろ、心がないですからね。難しいです、とても。

上にいて思うのですけど、いい方たちはとてもいいのですよ。悪いというか、心のない人はからっぽなので差がありすぎます。大変ですね。私の時代はよかったのです」

「純粋さが大きく違っていますね、現代と」

キリスト「そうです」

「19世紀の終わり、第一次世界大戦で、ユダヤ人を全部殺そうとしたヒトラーという男は、キリストとどう関係がありましたか？　彼はユダですか？　彼はだれですか」

キリスト「さあ、どっちでしょうね」

「彼は何の生まれ変わりですか？　ユダヤ人の大虐殺見ていたでしょう？　悲しかったですね。彼はいったい何者？　サタンですか？　あなたと関わり合いがあるでしょう」

キリスト「ありますよ」

「教えてください」

キリスト「星は、ヒトラーは木星の方なのですけど。とても意地悪というか、気に入らなかったら……。わがままというのですかね。嫌いです。関わり合いがあるから嫌ですね」

「どんな風に関わりがあるのかな？」

キリスト「私はね、そんなことをする人は見たくないのですけどね。一緒になるのですよ」

「どこで？」

キリスト「地球の上で一緒になる」

「支配している？」

キリスト「支配はしていない」

「どこで？」

キリスト「純粋な人を助けてあげようとすると、すぐに邪魔をする。嫌い！　だから白か黒かといえば、私が白、彼は黒なのです」

「表裏一体、一対のもの」

キリスト「だから嫌なのです」

「白の裏に黒が隠されている」

キリスト「もしかして私が白じゃなかったら、黒になっていたでしょう」

「そんなに高い人なの？」

キリスト「（ヒトラーが）下からつつく。矢でつつく。とても長い矢でつつく」

「絶えずそういうものは、光があれば陰になると同じ理屈で、あなたの行動を阻止するということ」

キリスト「見てますよ。遠くの……入れませんもの、ここには」

「彼はどこにいるの？　地獄の底？」

キリスト「そう。前の場所で異次元の話しているでしょう。下にいるのですよ。すごく長い矢で私をつついている。私はもう出て来る人じゃないでしょう。邪魔が入ったでしょう。

前は書類がなくなったでしょう？　そういうことで邪魔をします。私を出してくれるのはうれしいのですが、必ず迷惑になります。あなたでよかった。いろいろな人が私のことを調べていました。そのたびにいろいろなことがありました。そのたびにしなければよかったと聞いてきました。初めてです」

「あなたの顔はいろいろ描かれてるけど、どれが一番近いでしょうか？」

キリスト「さっき真希さんが言った雰囲気が似ている。顔は違う」

「まだ痩せていた」

キリスト「鼻が高くて、ほおがこけている、最後の顔は。どのくらいの年の顔がいいですか？」

「油の乗っているころの顔がいいですね」

キリスト「20歳？　30歳？」

「30から始めたとして。背はどれくらいでした？　けっこう高かった？」

キリスト「180センチに少し足りない」

「大工さんをしているから、相当、体は鍛えていますよね。筋肉質だった」

キリスト「はい。鼻は父譲りでごつごつしています。目と口が母に似ていますね」

「優しい目ですよね、きっと」

キリスト「ありがとう。それぐらいですかね」
「レオナルド・ダ・ヴィンチの描いた最後の晩餐の雰囲気はあんな感じですか？」
キリスト「そう。自分で言うのもなんですが、優しいイメージを持っていただければ私に近づくと思います」
「優しくなれる？　キリストを包んだ最後の布の中に表情が出ていますが、これは念写のような感じで霊体が入ったのでしょうか？」
キリスト「そうですね」
「この表情は無念だと言っている感じ」
キリスト「残念ですね」
「イスラエルのエルサレムには、まだそちらに霊体はおられますか？　あなたの霊体が」
キリスト「いない」
「もういないですね。上からずーっと見ているだけ？」
キリスト「私は神様から選んでいただいたので、上から見ています」

ヒーリング後の私の感想
このキリストのヒーリングをしている間に感じたことは、キリストの慈愛に満ちた優しい眼差しを、波が押し寄せるように私の心の中に浸透してくる。私が彼のそばにいたら、彼を守ってあげられたのにと思った。

○お釈迦様によるヒーリング　2000年7月10日（月）

「南蔵院（福岡県篠栗町）で、私の顔をよく見るでしょう?」

お釈迦様「よく来てくれているね」

「お世話になっていますね。いろいろ教えてくれませんか?」

お釈迦様「私が叶えてあげるからね」

「見ています、ずっと?」

お釈迦様「大変だね、この3人は」

「お釈迦さんは今どこにいるのかな?」

お釈迦様「上にいる。このずーっと上にいる。白い雲があって虹がかかっているのです。そして真っ青な空があって、いつも上から見ていますよ」

「幼いころから唯我独尊をわかっていらした?」

お釈迦様「はい」
「お釈迦さんのそばに誰がいるの？　地球を守る人がいるでしょう」
お釈迦様「4人いますよ、私を入れて。この前おじゃましましたよ。キリストとそれと……私の口から言わなくても、ヒーリングで出しますよ。それがすべてです」
「幼いころ、貴族に生まれましたね」
お釈迦様「それはそれでよかったと思います。道が違うと思ったのですよ。幼いころですよ。ちょっと私は向いていないと思いました。この人（両親）を支えて生きて行く以外は生きていけない、とずっと教育で教えられていたので、断念しますと言ったら、違う道を行くことになりました」
「瞑想が一番でした？」
お釈迦様「大変好きですよ。一人の人に仕えるのもいいのですが、誰もいないときに考えるのも好きで、人を救っていたほうが自分に合っていると思った。いろいろな人を救って行くということ」
「いろいろなことが見えていましたね、小さいころから。白い雲が見えていました？」
お釈迦様「歩いたり、走ったりする時にも目の前に雲が見えるのですよ。あの空の雲ですよ。地上ではそれを霧とも呼びますね。それがポカッと見えるのですよ」

「それ（霧）は、どういう意味だろう？」

お釈迦様「中から見える。地上の雲ではなくて、空の雲の上のほうが見えていたのでしょうね。そういう気がします。雲が見えているというのは、私が見えているのが……いろいろ見えましたよ。人の生死とか、ここを触ったら（私が触って、病気が治るのではなくて）ここを触っておけば転移しない。医者ではないからそこは知らないほうがいいとか。回り道だけど、竹やぶの方を走って行こうとか、そういうことです。一番初めチャクラはかゆいですよ。次に涙が出て来て、開く瞬間はとても〝あー見えた〟という気持ちですよ」

「それはいつごろ見えたのですか？」

お釈迦様「ちょっと遅かったと思います。何となく見えるようになる。あなたももう少しで見えますよ。かゆいでしょう。もう少ししたらそこから涙が出て、光がパーッと射してあらゆることが見えます。あなたは心得ているから大丈夫です。今はいろいろなことがそろったから……。最初は見えることで、〝私は病気なのかしら？〟と思うかもしれない」

「それ（覚醒）はいつごろ？」

お釈迦様「10歳ごろ。小さかったです」

「早いですね」

お釈迦様「きっと神様が見せてくれたのです」

「あなたの上の神様は誰ですか?」

お釈迦様「いますよ。金色の光を放っています。私たちもそうそう話はできません。タイミングというものがあります。この地球上にいろいろなことが起こっていますね。神様は常に見ています。会社の上司と同じですよ。私たちが守っているのにどうしましょうとはいえない。私たちの力で十分守れるのですから。隕石がぶつかるとなると、その時は、神様が出てきますが、そんなことはないですから。

　神様はじっと見守っているだけですよ。ぼそぼそと呟くように喋られますね。キリストとか言っている言葉と違う言葉で、私には話されます」

「どんな風に違うのかな?」

お釈迦様「星で違います。私は日本でアジア系、そういうところを守っています。貧困とか、混乱や秩序が乱れないように」

「あなたの存在をはっきりわかった方がいました。見抜いていましたね。広めていったのも彼(老人)がいたからできたということですね」

お釈迦様「何でも知っていますね、あなたは。裏づけが必要なのでしょうが、全部当たっていますよ。あなたを送ったのは、いろいろな人を救いなさいということです。あなたの考えていることは当たってるし、すべて叶う」

「仏典の巻物は、どんなつくり方をされたのですか？　全部、あなたの頭の中に浮かんだ言葉ですか？」
お釈迦様「教えてもらったのです。それは目で見えた（チャクラ）。出て来た言葉なのですよ。」
「心眼？」
お釈迦様「あれはチャクラが開かないと見えないのです。神様から教えていただいたのです」
「膨大な量の？」
お釈迦様「私一人の思いつきでは考えられません。伝えなさいということでしょう。そして巻物になり、知らないうちに巻物にしようと思っていました」
「すごいですね、あれは」
お釈迦様「それはきついとかよりも、無我夢中で書いていましたし、書き終わるとああ終わったという達成感がある。責任感ではなく、終わり。自分が閃いたように書き始めて、書き終わりました。そのくらい、あまり疲れたという感覚にならなかったのです」
「一生結婚しなかったの？　でも、奥さんらしき人がいたでしょう？」
お釈迦様「とても恥ずかしいですね」

「子供がいたでしょう?」

お釈迦様「二人ですよ。子供と奥さんはインドで転生しました。しかし、私は二度と転生しません」

「今世紀、ちゃんと伝えたから?」

お釈迦様「終わったのです、宿題が」

「でもキリストは違う」

お釈迦様「私は終わったという感じです」

「今、心配なのは、サイババ。あれはどうしてインドに生まれたのでしょう?」

お釈迦様「あれは悪魔です。盗んでいますから。本人も生まれ変わりたいと言ったから」

「南蔵院では、お釈迦様が眠っていますか?」

お釈迦様「はい。ちゃんとあなたたちが来る時は来ていますよ。あそこにいる人たちはちゃんと仕事をしているのでしょうか。まるで、サラリーマン的ですね」

「宝くじが当たる人(現住職)のことは?」

お釈迦様「あの方は見えていますよ。チャクラも開いているし。お地蔵さんを建てるでしょう? それを、ありがとうということで当てましたが、もう当たりません」

「徳は使った?」

お釈迦様「はい。あれ以上いくと身の破滅です」
「あの人は、私のこと知っているの？」
お釈迦様「陰で見ていますよ。挨拶こそしないけど、心で見ていますよ。おそばを食べるでしょう？　ピッと閃くのです。きっとあなたとお話することはないでしょう。違う星だから」
「無名の霊能者Tさんという女性について。待っているらしいのです、お釈迦様のことを？
彼女はどんな星の生まれ？」
お釈迦様「木星の方です。そんな人は知りません」
「私たちに話すことは？」
お釈迦様「あなたの願いは叶います。金星に帰ります。三つ、ここにいる人たちのこと。一つはもう叶った。今度は神様を降ろしてごらんなさい。今までにやろうとすることが、急速に叶いますよ。いつものように、神様を呼んで下さい」
「それは地上の神様？」
お釈迦様「宇宙全体を守っていますよ。太陽の中にはいないけど、絶対力になります」

ヒーリング後のお釈迦様のメッセージ

一つ目の願いは、先生と令子さんが力を合わせてここが軌道に乗ること。二つ目は、亮子さんがあなたの力になるように、三つ目、これが一番早いだろう。真希さんがK君と結婚することだ。子供が生まれたら一つ目はクリアである。そうしたら金星に帰れる。

真希さんの結婚が一番だろう。子供が生まれることは、愛のあかしができたということ。この二人は一生離れないはずだ。そうすれば、あなたの力が発揮できたと言う証である。

○モーゼ(十戒)のヒーリング　8月2日（水）　7：08PM

モーゼとは、紀元前13世紀に古代ヘブライ王国を建てた人物である。旧約聖書の「出エジプト記」に出て来るモーゼは、ユダヤ人の子として生まれ、エジプト圧政下でエジプト王の娘に拾われ、育てられた。

宮廷で育てられたが、自分がユダヤ人であることがわかった時から、王のユダヤ人に対する虐待と奴隷的な扱いに怒りを覚えた。そして、数十万人のユダヤ人を引き連れてエジプトを脱出する。

40年の歳月をかけてイスラエルの地に定住する苦労は、並大抵のことではなかった。その後、モーゼはシナイ山に登り、神より「十戒」を授かる（モーゼの十戒）。


「今どの辺にいますか？　モーゼは」

モーゼ「上にいます」

「上ってどの辺？　キリストとか同じような所ですか？」

モーゼ「違います。少し下の方」

「上に上がる人じゃない？」

モーゼ「キリストより上じゃない。バチが当たる」

「映画の『十戒』って知っています？　見ましたか？」

モーゼ「みんな知っています。声が変だね。ガサガサの低い声」

「もともとそうなの」

モーゼ「違います。この方、女性でしょう。喋りにくいのですよ。男性なら喋りやすいんですが。喉が違います。ちょっとだけ喋りにくいのです」

（先生により少し喋りやすくする）

モーゼ「この方、声が高いのですよ。私はものすごく低いのです」

「私くらい？」

モーゼ「はい」

「似ています?」

モーゼ「似ていますね。先生のように喋ります」

「穏やかに喋るの?」

モーゼ「はい」

「モーゼの本を昔読んで、とても感動したのだけど。王家がアシの葉で包まれた子供(モーゼ)を引き取ってくれた。覚えていますか? 覚えていないですよね」

モーゼ「難しいことを聞きますね。覚えていないけど、今になったら〝アア〟と思い出しますね。今までの方とちょっと違います。小さいころから覚えている。今までの方は?」

「覚えていません」

モーゼ「覚えていないと思いますよ。私だけですよ、もらい子は(途中から自分がユダヤ人の子供であるとわかる)」

「大人になってわかるのですよね。顔はどんな顔をしていましたか? チャールトン・ヘストンみたい?」

モーゼ「はい、あんな感じ」

「背も同じような感じ?」

モーゼ「あんまり変わらないですよ」
「チャールトン・ヘストンってりっぱな人でしょう？　まじめで。そう……あの親がわかった時の気持ちはどうでしたか？」
モーゼ「はっきりいって、ショックでした。普通だったら親と思っていた人が違うのですから、ショックでしょう。でも、すぐとはいかないけれど、くよくよしても仕方ない。知らないのだし。そのとおりですよ、書いてあるとおり。でも、違うところはそんな映画のように奇麗じゃない」
「どこが奇麗じゃないの？　描き方？」
モーゼ「そうですね。美化されていますよね。そうしないと（神として）興味を持たない」
「モーゼが一番人間的じゃない？」
モーゼ「ありがとう」
「ユダヤ人を引率したのだけど、どのくらいの数？　数十万人は嘘でしょう？」
モーゼ「そんなにいっぱいじゃないですよ。ほんのひと握り」
「何千人くらい？」
モーゼ「３０００人くらいですかね、パッと見た感じ」
「そのくらいだろうね」

モーゼ「そんなにいたら大変だ」
「そうですよね。何千万人だと……」
モーゼ「そんなに英雄ではないですよ」
「動機は？」
モーゼ「それに書いてあるとおり」
「やっぱり虐待？」
モーゼ「まず、親が違うところが原点ですね」
「民衆の目の、低い位置に入ったのですね。もし親が違っていなかったら（王の子供だったら）？」
モーゼ「そんなことまで考えていない」
「ユダヤ人を助けなかった？」
モーゼ「そう。気持ちがきっとなかったと思います。贅沢をしていたでしょう」
「食べ物も、いいものを食べて……」
モーゼ「みんなそうだと思うけど、自分が不幸になって初めて周りが見えるでしょう。それが本当の私の気持ちですよ。恥ずかしいけど」
「いや、そんなことないと思うけどな」

モーゼ「上から見ていましたよ」

「何を？　民衆を？」

モーゼ「こういう場面を。順番に並んでいますけど」

「（ヒーリング）順番どおりですか？」

モーゼ「はい。オーソンでなくてよかったです、この話は」

「一番大切なモーゼが海を渡るシーンなのだけど。３０００人を渡らせるためにどうしたの？　もともと引き潮だったの？」

モーゼ「そうですね。海が割れたのですか」

「映画では完全に海が割れた。あそこの海は、ちゃんと調べたら引き潮になれば潮は引いているとデータでは出ているし」

モーゼ「杖で神にお願いをしたからといって、叶えてくれるのかもしれないのですけど。それは一つあると思うのですが、その潮の引き潮と満ち潮の時間帯にもよるのですよね」

「それは知っていたわけですか？」

モーゼ「それは調べているわけですから。その時間を過ぎても満ちるようにならないで、とお願いはしました。潮が引き始めて出発して、潮が引いて真ん中辺り、そして渡る、と。渡ってしまいそうな時には、お腹まで水は来ていましたから。そんな人数では行けません。それはすごかったですよ」

「モーゼ自身も、腰の辺りまで水に浸かって渡ったの？」

モーゼ「私は胸まで浸かって入りました。私が最初に入らなければ誰も怖がって入らないでしょう、本当にそんなことになるのかって。距離がありますからね」

「相当ね」

モーゼ「まず胸から始まって、子供は後ろのほうで、背の高い人も胸くらいまで。そして進んでいくと潮が引いていくでしょう。皆、大丈夫だと確信したのではないですか？　皆を先に渡らせて、私は胸のところで……」

「最初に入って、最後に渡った。その間、何時間くらい？」

モーゼ「そうですね、歩き疲れるくらい。わかりませんね。どのくらいかな」

「覚えていないくらい、一生懸命だった？」

モーゼ「とにかく、水が来るまでに早く！」

「それで、エジプト王の軍はどこまで来ていたの？」

モーゼ「途中までですね」

「ということは、海の真ん中」

モーゼ「渡りきるときに真ん中くらい。私たちが胸のところの時、首くらいのところ。真ん中まで来ると、泳ぐか退くかとかで力が尽きたのではないですか。私も必死でしたからね」

「映画より面白いね」

モーゼ「現実は面白いですね。映画のように綺麗じゃないですよ。必死の一言ですね」

「紅海の渡りは、最初から計画していたのですね？」

モーゼ「何でも計画をしなくては成功はできません」

「計画はどれくらい前から？」

モーゼ「ずいぶん前から、海なども調べなくてはいけませんから。けっこう前から」

「5～6年前？」

モーゼ「5～6年というよりもっと」

「10年くらい」

モーゼ「7年くらい」

「大変だったですね、それは」

モーゼ「大変ですね。それは奴隷を助ける一つの大きな力ですから」

「今度は海を渡ってしまってオアシスまでたどり着くまでに、食べ物はどんな物を食べたのですか？」

モーゼ「そこらへんの物です」

「あの辺りは砂漠だったでしょう?」

モーゼ「そこらへんの物といっても、何もないって思うでしょうね」

「パンの木の実を食べていたとか、あったね」

モーゼ「誰がそんなこと?」

「資料の中にね、確かあったと思う。パンの実というか、そんな実がありませんか?」

モーゼ「違う」

「どんな物?」

モーゼ「虫」

「虫?」

モーゼ「ヘビ、とかげ。どんなふうにいったらいいのか。パンの実ではない。小さい蠍ですかね」

「それを食べていたわけ?」

モーゼ「小さい物を食べていましたよ」

「3000人もいて、食べていたの?」

モーゼ「みんなではないですけど、それぞれ違う物を食べていた。私は小さな虫。食料を求める3000人のうちの、何人かは食べ物を取りに行ったりしましたね」

「野生の食べ物とか？」

モーゼ「パンの実と書いてありましたか？」

「どこで仕入れた情報か、わからないけど」

モーゼ「知らないですよ」

「こんな白っぽい綿みたいなもの」

モーゼ「そうですね。それをいっぱい採ってきてもらって、食べてもいましたね。パンは
わからないけど」

「他にはヤシの実とかあった？　果物は？」

モーゼ「ジュースみたいなのを飲んでいた。黄色い皮みたいなものを飲んでいた」

「そうそう、それ。オレンジっぽいもの」

モーゼ「黄色い皮でしたね。名前はわかりません。無我夢中でした」

「40年間放浪しているって、書いてあったけど」

モーゼ「そう思いますよ。わからないですもの」

「年月がね。暦がないですからね」

モーゼ「時間とかわかりませんね。そんなに長い間していたのですね」

「大変だったと思いますね。一番苦しんだのは何？」
モーゼ「食べ物。一気に採り過ぎてしまって、実が追いつかないのです」
「一人や二人ではないですからね」
モーゼ「葉っぱも食べましたね。やわらかい葉っぱがありました。硬い葉っぱは最初、お皿のような感じでやってたのですが、やわらかい葉っぱをつぶして食べたりしました」
「ヤギとか連れて行ったのでは？」
モーゼ「連れて行ったと思います」
「途中で捕まえたり、盗んだり」
モーゼ「そんなこともあったでしょうね。白い物を飲んだのはヤギの乳なのでしょうね」
「人を統制するのは大変だったでしょう」
モーゼ「うん」
「確か二人の女性を愛したと映画でありましたが、どうでしたか？　奥さんは子供ができなくて……」
モーゼ「違う。それはない」
「さて、今度は十戒を授かるためにシナイ山に登るのだけど、一人で登ったの？」
モーゼ「はい」

「綺麗な山だけど、頂上は岩でごつごつして大変だったですね。苦あれば楽あり、今日の話、聞いていました？」

モーゼ「はい。待っていました」

「シナイ山の頂上はどうでしたか？」

モーゼ「すごく綺麗」

「青々として」

モーゼ「透き通っている」

「紅海が見えたでしょう？」

モーゼ「見えました」

「いっぺんは登ってみたい山ですね。ふもとの所に修道院があったの、あれは後から作られたのですよね。当時はなくて階段があって、頂上の近くに鳥居があって……」

モーゼ「あれはいけないですね。鳥居をつくってはいけません」

「岩の上に上っていましたか、瞑想で？」

モーゼ「はい」

「食べ物はどうしたの？　何日も山に登ったことになっていたと思うけど」

モーゼ「ちょこちょこ食べていました。お腹がすくと食べていました。できるだけ食べ物は節約して」

「山には何日くらいこもっていましたか？」

モーゼ「今、数字が見えるのは12日」

「12日だね」

モーゼ「覚えていない」

「十戒を授かったときの神様の、あれは何かが燃えた感じで映ったというけど、どんなふう？」

モーゼ「光ってというか、熱くなった。上から陽炎みたいに見えて目の前が正面から見ると、左のこめかみあたりから光が射しているように見えたので、陽炎のように見えたのでしょう。その時に神様に出会ったのでしょう。燃えたというよりも陽炎のように見えたのです。そして、向かって左のこめかみに光が射した感じがあった。そして全体的に周りに光が燃えている感じで、陽炎のような感じがする。それが神様だと言う。神様は姿を現わしませんからね」

「声は出たでしょう？　どんな声？」

モーゼ「すごく透き通っている声なのですよ。喋っている声ではないですよ。体全体に響く声なのですよ」

「ズシンと来る感じですね」

モーゼ「一番わかりやすいのは、身近なところでいうと室内でマイクを通して野外で聞く感じでしょうね。どこからでも聞こえるでもなく聞こえる……。ちょっと難しい」

「わかりますよ」

モーゼ「だから、全身で喋っている感じですよ、口ではなく。神様がどんな格好しているとか、わかりません。もやもやっと見える」

「何を言ったの？　その言葉は」

モーゼ「さっき言ったでしょう？」

「十戒のこと？」

モーゼ「一つずつ言ってもらえるとわかりますが、私の他に神としてはならない、とは言っていません。言い方が違いますね。そんな言い方はしません」

「もう一回言います。あなたは私（ヤーベ）の他に何ものをも神としてはならない。これは違うの？　どんなふうに言いました？」

モーゼ「私の他に神としてはならない。ただ一つのことに信念を持っていたらそれを信じなさい。きっと、私が神様しか信じないとわかっていたので、その言葉が出たんでしょうね。もしその方を信じているのでしたら、自分の心が真っすぐなら、力を貸してくれるでしょうね。いろいろなものを信じたって、自分の心を貫きとおせということでしょう」

「2番目の言葉？　どんな偶像も拝んではならない」

モーゼ「合っていますね」

「3番目。妄《みだ》りに私の名を唱えてはならない」

モーゼ「助けて助けてと言ってはいけないということでしょう。自分の力を使って限界を超えたら、その時に私の名を呼びなさい。これは合っています」

「4番目、安息日を覚えてこれを聖とせよ」

モーゼ「合っています」

「5番目。あなたの父と母を敬え」

モーゼ「合っています」

「6番目。あなたは人を殺してはならない」

モーゼ「合っています」

「7番目。あなたは姦淫してはならない」

モーゼ「はい」

「これは、単にセックスしてはだめということ？」

モーゼ「はい、妄りにしてはいけないということ」

「8番目。あなたは盗んではならない」
モーゼ「はい、合っています」
「9番目。あなたは偽りの証言をしてはならない」
モーゼ「合っています、はい」
「10番目。あなたは隣人の家を欲してはならない」
モーゼ「はい」
「1番目だけだね、解釈の違いは。これを聞いたわけだね。透き通るような声で聞きましたか？」
モーゼ「はい」
「それは、歩いている時振り返って陽炎が出た時、と書いてあるけど実際は瞑想して起きたんでしょうか？」
モーゼ「はい」
「瞑想中に聞いたわけですね？」
モーゼ「歩いている時には聞けないですよ。歩いて、瞑想して現れたのですよ」
「山の頂上で」
モーゼ「はい、そうです。座っていました」

「昼ですか？　夜ですか？」
モーゼ「昼ですよ、明るかったです」
「あなたが山に入っている間、民衆の秩序は乱れませんでしたか？」
モーゼ「いいえ。乱れていないと思いました」
「帰ってきて、皆が聞き入れてくれましたか？　聞き入れたでしょう？　難しかったけど」
モーゼ「大変だった。すごく大変だったのです」
「石版に彫ったのはあなたですか？　書いたのは神様？」
モーゼ「私ですよ」
「シナイの辺りは戦争が多いけど、どうしてモーゼは守りきれないのですか？」
モーゼ「守れない」
「難しい？」
モーゼ「はい。一度その場から離れると難しいのです」
「じゃあ、あなたが死んだ後は、秩序は乱れたということですね？」
モーゼ「はい。残念ながら」
「その子孫が、今はイスラエルという国をつくっていますね」
モーゼ「はい」

「シナイ山に今もいますか？　もういない？」

モーゼ「いない」

「上の方にいる？」

モーゼ「役割を終えて、違うところにいるから……」

「そう」

モーゼ「上で見ています」

「地球を見守っているわけですね。どこか一番親近感を感じるのはどうしてでしょう？」

モーゼ「そうですか。ありがとうございます」

「人間っぽいからですかね」

モーゼ「計画して成功して、達成感というものがあるからですね。人間らしいのではありませんか。今、あなたがそうしていますね」

「１９４５年、アメリカのＧＨＱが山に登ってお墓を見つけているのは本当ですか？」

モーゼ「違います」

「モーゼの墓は見つかっていないのですね」

モーゼ「見つからないでしょう」

「他の骨？」

モーゼ「きっとそうなのでしょう。私には身に覚えがないですね」

ヒーリング後の私の感想

モーゼが私にとって親近感が湧くのはなにゆえだろう。非常に人間的だし、勇気があるし、度量が大きい。迫力があったのは、紅海を渡るシーンである。映画の数百倍くらい深く味わえたことだ。

モーゼのことは1983年3月に出版した「ぶんげい」の中で書いた連載小説『琥珀』(失敗作)で描いたことがある。本当にモーゼは好きだった。

モーゼに引き込まれて小説が乱れてしまったということだ。

○聖母マリア様のヒーリング　8月19日(土)6:45PM

私はカトリック信者ではないけれど、キリストを育てた母マリアは慈愛に満ちた本当に優しい方であったと実感できる。聖母マリアが地球の空を守る神であることを、誰も知らないようである。

　この地球を守る賢者は4人いて、そのなかの1人は、聖母マリアである。では、その聖母マリアの心を伺ってみよう。

「ずっと地球のことを心配していますか？　今、どこにいらっしゃるの？　普段はどこにいらっしゃるの？」
マリア「何番目ですか？　私は」
「あなたは1番目かな？　4人の中の1人？　そう？」
マリア「そうですか……」
「違う？」
マリア「そうなのでしょうね」
「キリストの上にいるの？」
マリア「上にいます」
「キリストの上にいるわけね。いろいろマリアさんの伝説が出ていますよね」
マリア「本当も嘘も……」
「いっぱい書かれていますね。どれが本当か嘘か、どこで見分けたらいいのですか？」
マリア「難しいですね」

「本に出ているポルトガルのファティマ事件があって、ここに出て来るマリア様は本当ですか？」

マリア「YESかNOで答えるのですか？」

「そうです」

マリア「それは、NOですね」

「違うのですか？　ファティマに現れた女神は誰でしょう？」

マリア「さあ、私の姿を借りた人でしょう」

「どうもこれはUFOが出て来るのだけど、UFOと関係あるのですか？」

マリア「きっとそうですね」

「予言を出していますね。第一の予言、第二の予言、第三の予言。三つ出ていますね」

マリア「そうですね」

「第一の予言は、第一次世界大戦の終結」

マリア「それは私が言ったのではないですよ。私が言ったようにしてくれているなんて……」

「これはどういう工作ですか？　人々を惑わす方向のものですか？　そうじゃない？　やっぱり地球を助ける人々？」

マリア「そうですね」

「純粋な現れ方としては、ファティマ事件は違うような気がします。マリア様はどこを守っていらっしゃる？　空？　違う？」

マリア「答えは空です。当たり。もちろんですよ。この方（先生）、知らないことないですもの」

「ルールドの女神はたぶんマリア様だと思うね」

マリア「答えはＹＥＳですね」

「ベルナデッド？」

マリア「この方（真希さん）の守護霊ですね。この方はよく働きますね」

「現れ方（マリア様）が優しい」

マリア「ベルナがね、すごく信じてくれました」

「心の綺麗な人でしょう？」

マリア「とても綺麗な人ですよ。まさか自分から守護霊になるなんて、やっぱりこの方は賢いですね。もう少しで役目が終わりますね」

「結婚のために？」

マリア「いいえ。修道院の修道女が守護霊になったら、結婚はできません。もう身を引く順番になっていますね。もう少ししたらね、すぐに会った時に変わっていますね。そうしたら、ベルナは僕《しもべ》になってくれるでしょう」

「ルルドではいつも守っているんですか？」

マリア「はい。ルルドでも見守っていますし、空でも見守っています。一番得なのは真希さんですね。ベルナが守護霊になると私がどうしても見てしまうでしょう？　やっぱり気になりますね。いくらか柔らかくなったでしょう？　さて、次へいきましょうか？」

〈今、すごい雨が降っている（6：55ｐｍ)。……突然、雨が降り出す〉

「この雨はどういう意味なのでしょう？」

マリア「神聖な意味です。邪気がはいらないでしょう？」

「最近おかしな現象が起こっていますね。マリア様の像から涙が出ていますが、これは、血の涙ですか？」

マリア「いいえ。私が流してないからわかりません」

「よく見てください。血の涙を流す……」

マリア「私じゃないですよ」

「誰でしょうか？　いたずらですか？」

マリア「きっと、私の中に誰か入ってきて私が泣いているようにしているのでしょう」

「地上ですか？」
マリア「はい、そうです」
「やっぱり、嘆き悲しんでいることは事実ですか？」
マリア「ううーん。そんな嘆き悲しむなんて……そうですね、少しずつ悪くなっていますからね。悲しいことは悲しいですが……いちいち涙を見せていたら、いくら私でもやっていけません」
「この像の中に、他の魂が入っているのですか？」
マリア「入っています。私にすがりつきたいのでしょうね。愛情に飢えている方ですね」
「ふーん」
マリア「決して悪くない方ですよ」
「血の涙を流しているのに？」
マリア「目から出ていますね。目からだと印象が強いでしょうね」
「この世が悪いというわけではないですね」
マリア「違います。悪いのは日に日に悪くなっていますよ」
「嘘偽りが多いでしょうからね」
マリア「うん。そうですね」

「マリア様の仕事としては空を守ることといいましたが、どこまで？　大気圏？　オゾン層？」

マリア「ううーん、オゾン層？　全体的に見ていますからね。オゾン層は行かないですね」

「オゾン層は行かない。どの辺を注意して守っていますか？　どういうところを」

マリア「例えばですか……こういうふうな時ですかね。とても身近な言い方ですが、私を引き出してくれる時に邪魔が入らないように音を消す。静まり返らせたり、どこかに集中させたりとかしますね」

「例えばこういうふうに雨が降ったらいいけど、インドでは雨が降らなかったり、飢えたりしますが、そんな人の助けはしますか？」

マリア「していますね。あちらのほうは大変ですからね。しかし、贅沢はさせません。最低限です」

「それでも死ぬような人は天罰ですか？」

マリア「冷たい言い方ですが、そこに生まれて育ってきた人たちは昔からのことがありますから（過去世のこと）……天罰と言えるような、天罰とも言えないような……仕方ない」

「輪廻？」

マリア「あと、間違って生まれてきた場合、そこじゃないところに生まれて来たとか、そのまま自然死をとることもあります」

「じゃあ、インドはそれが多いのですね。これだけマリア様の話が多く出ているのに嘘が多くてやっかいですね」

マリア「信じる人が信じてくれればいいですよ。信じてくれる人がたくさんいますから」

「今、ローマ法王はどうですか？　正しい方向に行っていますか？」

マリア「行くように願っています」

「ファティマがマリア様の守られているところだと勘違いしていますが、そのことはどうですか？　別段、問題はないですか？」

マリア「関係ないです。気にしていません」

「ここでいうファティマの第三の予言は、何が書いてあったのですか？　暗殺未遂のことだけですか？　どうですか？　他にも何か書いていますか？」

マリア「あなたには見えませんか？」

「地球の崩壊のことですか？」

マリア「そうですね」

「地球は崩壊していきますか？」

マリア「だんだんとおかしくなっていきますね」

「地球は守られそうですか？」
マリア「守りましょうね。皆で守ります」
「頑張りましょうね。日本という土地を、マリア様はどんな風に守っていますか？」
マリア「ここがまた難しいのですよ。全体的には日本という国は小さいではありませんか。すぐに動いてしまうのです。あまり大きい大陸じゃないでしょう？　少しの力で、すぐに動いてしまっていいんですが、すぐに悪くなってしまう。難しいのですよ。レベル的に高い国ですから、とても難しいのです。動かしにくいのですよ、はっきり言わせていただければ」
「神の国ということですか？」
マリア「どこかで聞いた言葉ですね。いつの時代か言っていましたね」
「さあ、一生懸命頑張って、21世紀をつくり上げていかなければなりませんね」
マリア「本の出版、急いで下さいね」

ヒーリング後の真希さんの感想
マリア様の印象は優しくてお母さんみたい。マリア様を始めるといきなり大雨、雷、どしゃ降りになった。マリア様が出る時はこんな感じになるらしい。霧を深くしたり、周りの悪を遮断する。マリア様は本当にマシュマロみたい！

■第五章

地球の謎

これからの地球の謎をヒーリングするにあたっては、真希という女性を通して金星人オーソン（O）が答えてくれるという質疑応答になる。

○ノアの箱舟

ノアの箱舟はご存じの通り、聖書の神話として出て来る夢のような存在である。では、聖書から抜粋してみよう。

「主は、地上に人の悪が増し、常に悪いことばかりを心に思い計っているのを御覧になって、地上に人を造ったことを後悔し、心を痛められた。主は言われた。〝わたしは人を創造したが、これを地上からぬぐい去ろう。人だけでなく、家畜も這うものも空の鳥も。わたしはこれらを造ったことを後悔する〟しかし、ノアは主の好意を得た。」（創世記６・５）

「聖書、映画の天地創造と状況が同じかどうか!?」

O「映画と同じ。ちょっと違うところがある」

「どこが…？（船を造った）地上はどう荒れていた？」

O「もう荒れ放題で汚かった！」
「創世紀といえば、あのころの人種は今の人種とだいぶ違う？　それともほとんど同じ？」
O「変わらない」
「しかし、ノア600歳となっているが、嘘でしょう!?」
O「聖書の中では違う！」
「ノアが何歳の時（あれだけの白ヒゲの状態）」
O「75歳」
「ノアも大変だったのですネ」
O「75歳だが、年齢はいっていた」
「でも（肉体は）若かった」
O「うん、エネルギーがある人だ」
「神様からのお告げがちゃんとある。心が綺麗だった」
O「うん！」
「大洪水が150日間」
O「そうネ、約150日間ですネ」
「よくつぶれなかったと思うヨ。　あの中に牛や馬が全部入っていた？」

O「小さいですけどネ。小さい牛や馬を入れなくては。大きかったら沈んでしまいます」
「映画は大きかったね」
O「あれは違う！」
「ものすごく大きく描いてあったネ。高さが14メートル、長さ140メートル、幅23メートル」
O「それはどこかの資料？　それとも映画の資料？」
「図書館の資料」
O「一回り小さい。その本の資料は全部本当じゃあないですヨ」
「高さは合っている？」
O「長さが100メートル、幅17メートル、高さ14メートル。その中に鳥がいて臭い」
「150日間もよく生きのびたネ、それだけの食料を積んでいたの？」
O「食料はあっという間になくなりました」
「どうして生きてたの？」
O「水と塩とちょっとした野菜。飢えをしのぐぐらいの」
「150日間過ごしたの？」
O「うん！　150日間ではない」
「実際は？」

O「147日」
「ほとんどの人が死んでしまったわけ？」
O「うん」
「残ったのがノア夫婦と犬とか!?」
O「少し違う……」
「どこが？」
O「ノアと奥さん、犬はいない。すぐいなくなった！　犬は食べてしまった（聖書に書いてあるほどきれいごとではなかったらしい）。ワンワン鳴いてうるさいから、先に食べた！」
「鶏も？」
O「卵を産ませて、食べた」
「水だって長持ちしないよネ。大航海中のコロンブスも水には苦労をしていましたね。水はどうしていました？」
O「不思議だネ。神様がついているでしょう、この方」
「洪水の間は？」
O「もう大混乱。大騒ぎ！」
「雨が当然降るよネ。隙間から水は入るし、窓は開けられない。天然のコールタールで隙間を塞《ふさ》ぐ？　実際の動物は何と何？」
O「豚、牛……それに鳥」
「これは番《つがい》？」
O「そう、夫婦ということでしょう！」
「鳥ってなに？　鳩が出ていたネ」
O「鳩と、鶏は茶色の鶏。それから亀」
「亀は何の役目」
O「亀は……」
「海亀？　卵を産むの？」
O「産まない、オス」
「それも食べられるの？」
O「何でも食べます」
「他に動物は？」
O「もう見えない。見えないけど、いたとしても小さいのがいる！」
「ネズミはいた？　うさぎは？」
O「見えない」

「あまりいなかったネ、あの映画は大げさ」
O「綺麗にできるのは映画だから、実際は汚くて小さくて少なくて大変だったんです」
「夫婦喧嘩は？」
O「それはしない、穏やかな人」
「もともと神様に仕える人？」
O「違う！」
「従順な人？」
O「ただ素直。お告げがあってそうしなさいと言われてそうした。神の意志に従った」
「150日間の大洪水が終わった時に鳩が飛び出るよネ、その話は本当よネ？」
O「うん！」
「彼らはどこら辺りに到着したの？」
O「国の名前？」
「相当動いたと思うヨ。地球のほとんどが大洪水、それともその一部？」
O「ほとんど全体的に」
「陸地が海につながったの？」
O「沈んでしまった」

「それは何の災害？　天地は地震とかあるのだけど……」

〇「何の意味があったのかって……。地球は陸と海が半々、もしくは3分の1が陸で、3分の2が海になりますネ。それを当時は超えていたので、沈めました」

（比率があるらしい！）

「比率を超えてはいけないの？」

〇「うん、おかしくなってしまう！」

「地球のバランスがこわれてしまうの⁉　限界は5割⁉」

〇「陸の限界は半分の5割、それを超えてしまった時に大洪水を神様が起こした！　ノアに世界を見なさいということでクルクル回した。一人で見るとわからない、夫婦でみるとわかる！」

「150日は世界一周よね、一周したわけ？」

〇「しました」

「グルグル回った？　地球と同じ旅行だ。30年くらい前にノアの箱船の発見があったね！　あれはニセモノ？」

〇「そう、もうないですよ」

「どうして平気で嘘をつくの？」

O「(立証しなくても) そうだっていうじゃあないですか」

「わざわざ山の上につくってネ」

O「そんなことする人、よいことは起きません!」

「ノアの夫婦はどうなったの?」

O「いろいろな世界を見ているので、洪水の途中で素晴らしい旅行だった。普通と言えば普通に一生を終えました」

「子孫繁栄は?」

O「そんなことはない」

「2人の話はそれで終わったの?」

O「子供はもちろんいます」

「子供が引き継いで語部《かたりべ》になったの?」

O「違う!」

「これは誰か見える人がこういうふうに書いたの?」

O「そうではない。ノアが帰って来た時に迎えてくれた人がいました」

「覚えがないの? 宇宙人、神様?」

O「違う、いたのです。その人たちがノアに話を聞いて、それにきっと尾ひれがつきました」

「話が大げさになって神話になったの？　そして時代を超えて映画になった。まるでそんなことがあったかのように伝説になった！」

O「そう」

「地上で生きた人はいたの？」

O「いましたよ」

「それはどのくらいの人数？」

O「一つの村ではなく、一軒とかお家の人数」

「4〜5人」

O「そうだよ、そんなにいない。4〜5人の人がノアを迎えてくれた」

「アララト山……」

O「そう、たまたま」

「後の人、生きていた人はいたのでしょう？」

O「そこではそれだけの人数」

「ここでは、水は一度で引かなくて、ジワジワと引いていった」

O「それは合っている」

「水が引くのはどこに行くの？　蒸発？　地面に浸透していったの？」

Ｏ「そう考えたほうが普通でしょう！」

「その時期に地球の自転はおかしかったの？」

Ｏ「変わったでしょう」

「地軸が傾いた？」

Ｏ「赤い……」

「赤道？　地球の地軸が傾いて、北極とか南極の氷が溶けて洪水になった。これが主な原因？」

Ｏ「これがないと話にできない。神様ごとだけですまされない。これからこのこと（現象が起きるということ）、たぶんこれが警告」

「今、地軸の傾き、どんどん南・北極の氷が溶けて、水位が上がっている」

Ｏ「時代は繰り返される」

「ベニスが沈むこと。あと少しかかるね」

（ノアが一つのヒント。それを聞きなさいということ！　モーゼの十戒よりも大事らしい！）

「ノアの箱船がＵＦＯと関係ある？」

○「救われる人はこれに乗れ。乗れない人もいるので、警告！」

ヒーリング後の私の感想

現在、南極のオゾン層が破壊され、南極よりも大きなオゾンホールになっている。人間に有害な紫外線などが一気に入ってくる。地球の温暖化は早められ、やがて地球は、南極の氷が溶け始めて洪水が襲ってくることになろう。

一刻も早く、人類はこれを避けるべき準備を整える必要がある。大洪水になった時、天空にはＵＦＯでいっぱいになる、ＵＦＯに乗れる人物は決まっている。心の準備が必要だろう。

○ピラミッド　2000年7月6日（木）

ピラミッドの謎は、21世紀になろうとしている現代になっても、解明されていない。私は15年前、ピラミッドに興味を持つお年寄りに出会った。そのお年寄りは3つのピーマンを用意した。

一つ目には小さなピラミッドをつくり、その中にピーマンを置いた。二つ目は何もしないピーマン。三つ目は「早く腐ってしまえ！」と毎日怒鳴られるピーマン。

3つのピーマンのうち、やはり「早く腐ってしまえ！」と言われたピーマンは、3日すると腐り始めた。何もしないピーマンは10日すると赤くなり腐り始めた。しかし、ピラミッドの中に入れたピーマンだけは、1ヶ月以上経っても腐らなかった。たったこれだけのことを見ても、ピラミッドパワーは不思議なのである。

ピラミッドに隠されたパワーは、さらに異常なものであろう。そこに現代人が解き明かすべき謎があり、宇宙解明の鍵が隠されているように思えてならない。

前回、オーソンにピラミッドについて聞いてみたところ、わからないとの返事を受け取り、次回に彼の上にいる神様に聞いてみるとのことだったため、今回に回した。

その時の問答から始まる。ちなみに、オーソンはピラミッドが嫌いである。

「細かくピラミッドについて、神様から聞いてきたことだけでも教えて」

O「あれは、いつごろからあんなことしたのかわからないけど、仕事がなかったんですね。昔、仕事をつくるために、大きいピラミッドを造れば皆で食べることができるだろうと考え、一つ出来たらまた一つと……。生活維持のためですね。生活していくと、どうしても生死がありますね。そしてピラミッドの中にお墓を、遺体を入れようと一番初めに計画して、空間をつくった。そして、どうしてあんな形にしたかというと、ここもそうですけど、宇宙から僕はここと宇宙を行ったり来たりしているのですが、ピラミッドの形は天国へ（地獄は誰も嫌）すぐ昇れるようにという意味もふくまれています。そして、太陽に一番近いところを歩いて探し回って、朝日の当たるところを探して造りました。

当時はジャングルで日が当たるところと当たらないところがあります。そして歩いて探すというより、草木が生えている所を中心に建てたのです」

「ギザのピラミッドについて、超能力者の作業はどうでした？」

O「彼には上からの力が宿っただけ。力を貸してあげた」

「誰から？」

O「上の人から。名前はわかりません」

「金星じゃないね」

O「そうです。他の星の、上のほうはわかりません」

「ピラミッドと木星の関係」

O「関係はありますね。しかし、Mさんのヒーリングは初めはいいが、後はでたらめといえばでたらめ。違う人が入り込んでしまった。身を売ったのです。今よりよい状況に。そこがこの子（真希）と違うところ。〝私（真希）のヒーリングをすれば100パーセント先生に力を与えるよ"っていう感覚。この子はヒーリングで正直なことが言えますように……

そういう心がけですね」

「一番大切なことだね」

O「そういう意味で身を売ったんです。文章が違うでしょう。自分がしたような。彼女は消えましたね。星に帰りなさいとピーンと爪はじきしました。上の人に言われました」

「ピラミッドの中の、ギザの隣に住んでいるスフィンクスの意味は？」

O「全部知っているくせに。あなたの心そのままです。それは、どうやってつけたということですか？（ギザだけにあるという意味）守り神ね。その意味……砂漠でしょう。緑がないので、守っていくためですね」

「ギザは当時緑があったのではないの？」

O「将来が見えてるんですもの。草木がなくて、オゾンがでなくて、酸素がなくて、あんなところであの人たちが生きているのが不思議でしょう。最低限それができるようにと守り神として置いています。近い将来、草木が生えます」

「地軸が傾くの？」

O「それを研究している人、いるでしょう。それが力を発揮して、その守り神が上のほうに帰っていきます。いなくなります。それを置くことで皆は幸せと思ってるが、内に実際入っているから、草木が生え出すと、今の守り神はいらなくなるので木星へ帰ります。そして木星へ帰った守り神は、それを研究します。

木星は普通の人では入れない。よほどの霊体でないと。クレオパトラは木星にいます。強い女性、今でも女王様気分らしい。エジプトのあの土地だけは別」

「スフィンクスの魂は目から入れて、口から出すの？　生まれることにつながるの？」

Ｏ「わかっているならいいじゃない、と思うけど」

「最近、すべてのピラミッドに関して、質量ともに計算しつくして、太陽系の星と位置を含めて、完全に一致するとの発表がなされたが、本当だろうか？」

Ｏ「それは本当です」

「地上からはるかに高い所からしか見えないので、ＵＦＯと関係があるらしいが？」

Ｏ「そのとおり」

私自身の感想
結論的には、あまりいい答えを導くことができなかったが、我々の宇宙意識が低すぎて、見つけることができないのかもしれない。金星人はこのピラミッドをひどく嫌っているようだ。

○バミューダ海域　2000年7月18日（火）

バミューダ三角海域とは、西大西洋のバミューダ島、プエルトリコ島、フロリダ半島を結ぶ三角海域をいう。謎の消失事件が頻繁に起こっているので、皆から恐れられている。バミューダ島周辺は、魔のサルガッソー海と呼ばれ、海難事故が多いので有名だ。第二次世界大戦以後、ここを通過する船舶や飛行機が消失するので恐れられ、そのエピソードも数々ある。

「バミューダとつけた意味は？」

O「それは宇宙の言葉で言えば不思議なことという意味。ずれているっていう感じ。なくなったりするでしょう」

「異次元ってこと？　入り口？」

O「そうやって言ってもらえば簡単ね」

「なぜ三角なの？」

O「四角だとずれがひどくなる。あまり大きいと人間のことだからもっとおかしくなる。三角、トライアングルなら一番つながりがあるのです。地球、宇宙、下界。四角は何もない」

「何もなくなってしまうの？　面白いね」

Ｏ「バミューダ・トライアングルがあるから大切なことは、なくなったり、いろいろなＵＦＯが出てくる時、正常の三角なのがパーっと開く。ずれるときに開く。そうするとせっかく地球が丸いのに丸がずれて（丸半月）、海のところにたまたまそこにいた船とか軍用機が外に放り出される」

「どこに行くの？　彼らは実際どこへ行ったの？」

Ｏ「もういないのですけどね」

「異次元空間？」

Ｏ「言いにくいですが、ブラックホール」

「あの中に放り出されるの？」

Ｏ「それはたまたまなのですけど。仕方のないことです」

「よくＵＦＯの入り口と言われているね」

（図を見る）

「バーミューダの空間は年に何回起こるの？」

Ｏ「３回くらい」

「範囲、大きさは？」

O「地球でいうと少ししかないですよ。2割とか。2割ですけど、ちょうどその時になる。今も起きていますけどね」

「派手に報道されてないよね」

O「そんなふうになっている。関心を呼ぶほどまでにならなくなっている。違うほうへ目が行っているので」

「気にしなくなった」

O「今は違うね」

「バーミューダを利用して、宇宙を旅行する人はいるの？　短い時間でパっと行ける」

O「UFOの往来は四六時中」

「ここはアトランティスと、大いに関係ある？」

O「そうね、とても関係ある」

「バミューダに出る人魚の存在は本当？」

O「あの人は本物ですが、実際には見えない。汚れた人にしか見えなくて、落ちていく。それで座礁する。最もしたたかな人はブラックホールへと入る」

「裁かれるわけ？　人魚で」

O「怖いですよ、人魚は。他には何もありません」

「バーミューダの次元の世界は、何次元？」

O「六次元。ありえないことです」

「金星からよくバーミューダ海域を（空間）利用する？」

O「はい、しょっちゅう。だから、よくずれている。そのずれを少なくしているのです」

「バーミューダで事故を起こす人は、心がけの悪い人と考えていい？」

O「はい」

「あるパイロットの話（40年くらい前）では、ずーっと北極海を飛んでいると、次元の違う世界へ入り、地上を見ると恐竜の世界。ああいうことは地球で起こっているの？」

O「そんなパイロットは、仕事にも迷っていたはず。事故に遭ってそういう場面でそんな空間を見たとしたら、次の機会には大事故なのに何でもなかったというようなことが起こったはず。死んだらこうなるよと見せたのです。その人は、ハッとして元の空間にもどった」

「きっと下にはいろいろな動物が走っていた。恐竜の時代に入っていた。普通はそんな次元に入るの？」

O「心に迷いがあるとフラフラとして入る。その仕事に誇りを持っていなければ（やめようかどうしようかと思っている時に異次元のフタが開く）、動物がたくさん走っている。その上にいろいろな物を撒き散らしてると思うと怖いし、まして自分の赤ちゃんがいると思うとなおさらですね」

「心の問題か。では、事故に遭う人は心の問題が大きいね？」

O「汚いね。漂流する人は子供を捨てたりする。嘘もそうです。反省をしていなければそうなる」

「人間は反省する動物だね。反省しないと上にあがれない。では、幽霊船の意味は？」

O「人魚だけで力がなければ、幽霊船でひきつけてびっくりさせてパニックに陥れる」

「いいことではないんだね。幽霊船を見るのは」

O「いいことではない」

「他にもバーミューダのようなところはあるの？　世界中に、どこにあるの？」

O「ありますよ」

「北極にはあるよね？」

O「はい。あと2ヶ所。暑いところ」

「暑いところとは、赤道直下のところ？」

O「いいところをつきましたね」

「ペルー辺り」

O「ちょっと遠い。メキシコ」
「マヤとかあの辺り？」
O「合っています」
「マヤにピラミッドがあるよね」
O「あともう一つ。海の綺麗なところ」
「ハワイとか？　ハワイにあるの？　人の集まるハワイに意味があるの？」
O「はい。ヌードの所。裸で泳ぐ所があるでしょう？　あそこの遠くのほうにありますよ。ハワイには人が集まるけれど、そこは人がいない」
「誰も知らない？　現地人は？」
O「知らない。出くわした人はいない。今、地球上で知ったのはこの3人だけ。怖いね。どう証明しましょうか？　行きますか？」
「ずれが起こる？」
O「怖いですね。行かないほうがいいですね」
「そこも三角地帯？」
O「はい。ハワイに小さな島がありますよ」
「そこは、ヌード村？　みんな裸？」

O「みんなというか、その海岸だけ。新婚旅行でハワイは行かないほうがいい。グチャグチャですよ。普通の人が行くには快適な場所かもしれないけど、香港と同じですよ」
「麻薬とかの取引があって、すごいところだから」
O「いつのまにか人が死んでいる」
「吸い寄せられるわけね。地球で4ヶ所なんだね。北極を地球の上から衛星で見たら、開いていて、地球空洞説の見え方だ。異次元開いたの」
O「中が空洞、物理的には空洞はないが、異次元の世界はありうる。地球にはそれを教えていない。地底人がいるらしいが」
「地底人は、どこから来ているの？」
O「難しいことを聞きますね。高度な文明です。フランス辺りの上のほう」
「地底人はいるの？」
O「昔ね、上のほうに、寒いところにいた」
「ドイツ？」
O「そうだね。ダッチ」
「オランダかな？　彼らが築いた地底の組織は今でもあるの？」
O「今は存在しない」

ヒーリング後の私の感想

不可解な事件をはらんだままのバミューダ島周辺は、アトランティスと深い関係はどうもなさそうである。むしろ、異次元の入口的存在と考えたほうがよさそうである。〝魔の〟とあるように、心に魔が潜む人にとって、その海域は怖い存在なのかもしれない。ただ、この空間を通過して、ブラックホールに叩き込まれたのでは、たまったものではない。

ＵＦＯがこの地域で海底へ潜ったり、ＵＦＯがこの地域から空中へ飛び出したりするシーンをよく目撃されている。

○ナスカの地上絵

南米ペルーにあるナスカ高原に描かれた数々の絵は、１９３8年古代の用水路を調査していたポール・コソックに発見されたのが始まりである。上空の飛行機からでしか理解できないその絵は、南北50キロにも及ぶ、巨大な絵が数多く描かれている。代表的な蜘蛛やはちどりの絵には、実に神秘的な、そして現代でいう滑走路的な役目があったのではないかと憶測されている。

　近くで出土した土器の年代から推測して、２０００年から３０００年も前ではないかと判断されている。３０００年も前に飛行機が存在しないことを考えると、宇宙人の飛来が何らかの形で関係しているのではないかとも、一般的な見方もできる。

「どういう種族の所からＵＦＯが来ていたの？」

Ｏ「随分昔の話でしょう！　平べったい鉄の様な黒っぽい鉄のペターンとした周りが白い線で書いた（ＵＦＯの形状）。楕円形に少し隙間を残して白線で囲んで鉄パンが少ししかなく、その鉄パンの平面が鉄でザーッとつぎはぎみたいな感じで大きい」

「薄っぺらいの？　人が乗れるの？」

Ｏ「乗れますヨ」

「高さはどれくらい？　人が入れるくらい？」

Ｏ「一番低い所でこのくらい（手で示す）、高い所は真希さんの手では出来ないぐらい、これだけあってずーっとでっかく……」

「端が薄い。帽子状と思えばいい？」

Ｏ「上が透明になっている」

「水色っぽい感じ？」

O「外からは見えないです。内からじゃあないと」
「私が写真を貰ったの、それがそう？」
O「そうですヨ」
「地上絵は、どうやってつくったの？」
O「つくり方まで私は知らない。宿題にして！」
「彼女（奥さん）がどうしても行きたがっている」
O「奥さんは本当にチャレンジャーですネ。歯止めがきかない、行ってはいけない所へも行きます。縁があるのではなくて、自分が行きたいみたい」
「ペルーは？　円盤によく乗っていたらしいが、そう？」
O「乗っているけど。チョッとごめんなさい、という感じ。縁があるとかではなく、彼女にとっては、彼女はそこに行きたいと思うだけで行く。家出少年と同じです」
「相当わがままだね！　当時は円盤、よく来ていたネ」
O「帽子の先っぽに……両端にふくらみがあります。てっぺんは山みたいになっていますヨ」
「人種が少ないネ。どこから来たの。太陽系じゃあないネ」
O「違いますネ」

「もっと遠くから?」

O「はるか彼方ですネ」

「銀河系?」

O「どこなんでしょう!?」

「宇宙船の中はどんな人がいます? (宇宙人の背格好について)」

O「外からは見られないので……」

「中に入ってみて」

O「ヒューンというふうに入りますね。頭に一本出ている」

「触角?」

O「人間の世界では見えないもの。赤いレーザーが頭の触角の先にあってそこで物を判断する所。大きな目で耳がピーンと尖って、首が細くて……」

「水星人みたい?」

O「周りは水色で服など着ていなくて、あばら骨は目立たない」

「手は長い?」

O「指が長い、真希さんより2倍はある」

「手は足の先につくの?」

O「手が膝まであって、下につく」
「身長は？」
O「120～130センチ、手を広げている」
「指は何本？」
O「先が尖がって爪はない。握ることはしない。反対にそっている、足は真希さんのような格好」
「人をさらったりする？」
O「よくわかってるよネ。額に埋め込んで人間の情報を集める。子供の作り方は、この手を使って相手と合わせて（円になって）触角の先から念を集めて誕生させる。皆で上に手を広げる」
「どんどんできるわけ？」
O「そんなにしょっちゅうできない」
「どんな時に……」
O「時期が来たら、この時に皆で子供をつくり、回っている間にまたつくる。僕はあまり行きたくない」
「今でも残っているのは降りて来ているの？」

O「子供が来ています」
「上から見て残っているのは、溝の手入れをしているということね」
O「そうですよ、上(円盤)からやっています。手を使う時は子供をつくる時、後は触角で動かしたり取ったりする。手は反って使いものにならない」
「人間に変化するの?」
O「人間にはならないけど、後ろにフワーッと憑いたりする。例えば人に憑いていたら、後ろでガチャガチャなってしまう。背後霊と闘っている。あまり入り込みやすいと、宇宙人が入ってわけがわからなくなる。人は操られやすいから!(その宇宙人は)足の指がかかとについている。(指は手も足も4本)足の指は前に3本、後ろに1本」
「彼らのペルーとの交流の意味は?」
O「今のペルーが引き継いでいますネ」
「チチカカ湖の意味は?」
O「私にはブルーとマンゴの色が見えます」
「神聖な意味合いはあるの?」
O「湖かしら? 海と太陽! この海とこの太陽」
「湖と太陽がつながっているの? チチカカ湖が?」

O「広い深い湖みたいなもの！」
「飲んだら下痢するくらい神聖らしい！」
O「すごい所ですヨ」

ヒーリング後の私の感想
あまり詳しいヒーリングではなかったように思える。ただ、当時のペルーは高山地帯に宇宙人の飛来が露骨に窺《うかが》える。UFOを単に否定したがる人種は、このことを真剣に考えない傾向にあるが、もっと身近なものとして考えるべきであろう。でなければ、マチュピチュのような高度な城壁はできなかったであろう。

○ムー大陸　7月27日（水）2：43PM

現在では歴史の跡がないムー大陸は、架空の文明と理解されている。いつごろあった文明なのか、実態ははっきりしない。1931年、アメリカの作家ジェームス・チャーチワードが「失われた大陸ムー」を発表して以来、「ムー大陸」が話題になった。1868年に彼がインドに駐留した当時、ヒンドゥー教の高僧から粘土版〝ナーカル碑文〟を見せられた。

その中に「ムー大陸」のことが載っていたらしい。
その碑文によれば、「太平洋に大きく位置するムー大陸は高度な文明を持ち、帝王と呼ばれる大神官ラ・ムーがおり、すべてが白人支配。首都はヒラニプラ。人口6400万人の巨大な文明であった」と記されている。そして、1万2000年前に突如として海底に沈んでしまったらしい。いったい何が本当なのだろうか。

「どの辺にあったの？　ムーのことわかるでしょう？　ムーってどういう意味？」
O「ムーっていう意味？　それはね、地球上の……難しいね」
「難しい？　ムーという意味は？」
O「どう説明したらいいのか……」
「一言では難しい？」
O「簡単に言ってしまえばそれでいいんだけど」
「簡単に言って」
O「ムーでしょう。星がいっぱいあるのね」
「太陽系のこと？」
O「うん、星がいっぱいあるのだけど、その何ものにも属さないで、ここに……違うかな？」

「ここに存在するっていう意味？」
Ｏ「何ていうか、星がこうあるのですよ。何にも属さないのですよ。簡単に言ってしまえば、もうそこにいる。ないけど、この地球にある。うーん、難しい」
「どこの星にも属さないけど、この地球上にあるという意味？」
Ｏ「属せないのですよ」
「どうして？」
Ｏ「一番早いのは地球と合うということですかね。地球に、ここになくてはいけない。どこにもないですね」
「どこにもないということね。相当高い文明を持っていた？」
Ｏ「うん、そうね。文明は高いです」
「今で言えば、だいたい地球上でどの辺りだったの、ムー大陸は」
Ｏ「頂上てっぺんから4番目くらい。そんなに差はありません」
「差とはどんな？　大きさ？」
Ｏ「大きいですけど、そんなに差はないです」
「ムー大陸の大きさ、大陸の場所はどこですか？」
Ｏ「下の……」

「沈んでいるはずだから、太平洋とか？」
O「下のほう。南……」
「南半球の下のほう？」
O「そこ」
「南極じゃない」
O「違う。難しい」
「南回帰線」
O「そんなじゃない。難しい」
「オーストラリアがどの辺に見える？」
O「ここにある（左手の方）」
「ちょうど赤道直下ぐらい？　ハワイは？」
O「中のほうに……」
「中のほうにある。イースター島があったよね」
O「普通の所（ムーの中に入っている）」
「ムーはどの辺からどの辺まで？　日本は入っている？」
O「ドーッと、日本かな？　赤いの、日本？」

「赤いの、日本。形としてはどんな形？」

O「知らないですか？」

　オーソンが図を描く。

「赤道はどの辺り？　この形のど真ん中？」

O「そうだね」

「オーストラリアは入っている？　オーストラリアはアフリカから移動しているからね」

O「入っていない」

「どのくらいの人口？」

O「どれくらいいいたのだろう……」

「何万人くらい？」

O「うーん。何万人ではない。違う」

「人がいっぱいいいるわけじゃない」

O「4～5000人くらい。すごく土地が広く見えるから」

「何千人くらいなのね……」

O「白い人がいっぱい」

「白い人？　白人ってこと？」

O「人間の形をした……人数はと聞かれたら、白い形のが何千人しかいない」
「どういう支配になっていたの？」
O「支配って？」
「社会形態。王国とか帝国とか、王様がいて……とか。」
O「ううん、そんなのではない」
「平等？」
O「というか、リーダーみたいな形の人はいたけれど、王様とかいうそういう感覚ではない」
「王様とかいないのね。アトランティスにも似ていた？」
O「そうだね。アトランティスに似ていますね。誰かが長に立ってその人を盛り立てようとかそんなのではない。ただ、リーダーがいて皆、普通だったと思う」
「どういう服装をしていたの？」
O「服装ですか。線、模様が見えます」
「斜めの？　アトランティスと同じ？」
O「こう、ふわふわっとしたアトランティスの服装みたいな感じ。留め金は肩になく、巻いているような……」

「何を巻いているの？　一枚布？」

O「そんなふうに見えますね」

「リーダーはどんな格好？」

O「こんな格好」

「同じなの？」

O「わからない。見えません」

「水晶は使っていた？」

O「うん」

「超能力を持っていた？」

O「透明、首に巻いたり。丸いのが多い」

「丸い透明なやつ、首や腕に巻いていた」

O「丸いのばかり、ほとんど」

「皆、瞑想していた？　超能力はどのくらいの力を持っていた？　皆、持っていた？」

O「どこら辺までって、基準を先生にしたらですね、チャクラが開いたらパワーアップするのでしょうけど。それよりちょっと上のほうですかね（チャクラが開けば、先生のほうが上）。開く前と後の中間の力を持っていた。ほとんどの皆さんがそうですね。今回、私は力になりましたかね？」

「ムー大陸の人が輪廻転生して、生まれ変わっているけど日本に来ている？　どういう影響がある？」

Ｏ「影響というのはプラスですか？　そうですね、やっといろいろなことに目覚める時でしょうね」

「マイナスは？」

Ｏ「邪魔していますね。同じようなことをしていると勘違いのケースです。自分の転生の意味の理解を忘れている方がいますね。そんな方は同じ過ちを必ずしますね。魂は知っているけど、本人は信じられなくて拒否する人もいるでしょうね。でもそれほど大胆なことはもう他の地域のこういう場を理解してるかで、わかるのではないですか。外国では普通にやっていますから、見たり聞いたりして抵抗なくなってるかもしれない」

「ムー大陸とアトランティスは戦ったのだけど、どういうふうに戦った？」

Ｏ「戦いですか？　アトランティスは強かった。同じようなことしているのね。想像がつかないような戦い方ですよ」

「超能力の？」

Ｏ「こうやってするわけではない」

「水晶で戦ったの？」

Ｏ「水晶でないところに力を与えてもらってしまいましたね。それはそうだと思いますけど、他に戦いの仕方が見えませんけど」

「普通の人はどんな食べ物を食べていたの？」

Ｏ「食べ物、生活でしょう？　アトランティス……見えないです。ごめんなさい」

「ムーがふさいでいる？」

Ｏ「わかりにくい、ムーは」

「宿題だよ」

ムー大陸ヒーリング後の真希の感想
ヒーリング後、自分が海の底に落ちて行く感じがあった。空耳かもしれないけど落ちて行く時に、島が下にグーっと引っ張られる時に、ワーっと聞こえたのは「助けてくれなかった」「私たちを助けてくれなかった」と聞こえた。
ムー大陸を見た時、最初は青空があって大地があって気候もすごく柔らかくて、居心地は本当によかった。生活のことを聞いてきた時から、今までの気持ちよさとは変わっていった。

ヒーリング後、本人は「戻ってこれたんよネ……」と思ったくらい怖かったらしい。オーソンが「ごめんなさい」と思った時、涙が少し出た。途中、右腕が痛くなった。ムーの人が引張ったらしい。食生活を聞いたところから急激に変化した。真希さん、少し放心状態。

○アトランティス大陸

レムリア・ムーと並んでアトランティスも過去に失われた大陸の一つである。この大陸も過去の歴史のない、実態のない文明である。1万2000年前に海底に突如として沈んだとされている。そもそもアトランティスとは、紀元前4世紀ギリシャの哲学者プラトンが、その対話編「ティマイオス」と「クリティアス」でその実在を主張している。

1982年、アメリカの作家であり政治家であったイグネイシャス・ダンリーが「アトランティス」の研究書を発表している。それがアメリカで大ブームを呼び、現在に至っている。

プラトンは、アトランティスは大西洋としているが、地質学的には合っていない。あったとすれば、エーゲ海の辺りではないだろうかと判断する。果たして、真実はいったいどこにあるのか。

「最初のころから教えて下さい。始めのころのアトランティスはどんな感じだった」

O「綺麗だった！」

「綺麗だった！　場所は？」

O「初めはヨーロッパの方じゃなかったかな。プラトンのいう場所とは違う。エーゲ海」

「エーゲ海の辺り」

O「うん、そこ！」

「アトランティスは？　結構小さい島だったよネ」

O「うん」

「ムーは相当大きな国だネ。アトランティスはどれくらいなの？　大きさからいえば……小さかった？　オーストラリアぐらい？」

O「そこのイギリスとアイルランド、二つくらい！」

「そんなに小さいの？」

O「大きくないヨ」

「大きくないのだネ。どのくらい住んでいた？」

O「どのくらいかな。数えたことないヨ」

「だいたいの目安は？」

O「ムーはあの広さで4000～5000人。その10分の1くらい」

「500～600人位！」

O「違うよ、いろいろなものが見えてわからない」

「今から何万年前？」

O「そう……6じゃあないな」

「数字が見えない？」

O「うん」

「どのくらい前？　だいたい何万年前？」

O「もう一つ言えなくなっているのは、真希さん、ちゃんとしているのに不安がある。自信がないから言えなくなった。自信を……気にしなくていいのに！　先生の力なのにネ」

「人間だから迷うヨ」

O「いろいろなものが見えちゃってネ」

「はっきりわからない？　わかりにくい？」

O「ちょっと待って！　7万年くらい前かな？　今度もう一度やってください。この体では自信がない」

「アトランティスは何年くらい続いたの？」

O「長いと思う。思うのだけど……」

「私の背後霊に聞いてみなさい！　私の背後霊は、はっきりわかるよ。私の背後霊、見える？」

O「ニコッとしている」

「レオナルド・ダ・ヴィンチのような顔をしているでしょう！　白髪で。杖を持っているでしょう。いい顔していいおじいちゃんだろう。教えてくれるよ」

（直接聞けない……）

O「一万年前に沈んでしまったとか言っているよ、クレタ島を中心にして。エーゲ海の島だよネ」

「でも、あのバミューダはずっと後？」

O「ううん」

「一緒なの？」

O「ずっと後じゃない」

「あそこもアトランティス？」

O「違う！　違うって、首振られているもの」
「やっぱり、エーゲ海？」
O「うん、これは僕が振ってるのではないよ(もうやめて！)、先生の背後霊がやっている」
「生活を詳しく教えて、どんな格好をしている？」
O「こんな格好している。そうだね、アトランティスの人は……」
「ギリシャのあれとよく似ていない？」
O「真っ白、何もない」
「白い布」
O「うん、そうですネ」
「ギリシャ人とよく似ているだろう！」
O「こう、綺麗な顔をしている」
「私の顔は当時、どんな顔？」
O「その鼻をもう少し高くして、目が奥まっていて、あまり変わっていない」
「髪の毛は？」
O「あった！」
「何色？」

O「茶色」
「カールがかかっていた？」
O「うん」
「背はどれくらい？」
O「172センチくらいとか、今とあまり変わらない」
「顔の色は？」
O「白、筋肉質の体していた、ガッチリとして」
「しまっている？」
O「うん」
「私の仕事は？」
O「仕事？」
「アトランティスを統制することかな？」
O「仕事なんてないよ」
「宇宙をコントロール？」
O「それくらいかな。いっぱい下にいる」
「瞑想は、よくしていた？」

O「それが仕事かな」
「水の上で瞑想することあるの？　水の上に浮かぶでしょう」
O「うん、浮かんでいたネ。力があったもの、今より10倍くらい」
「水の中でも、ずーっとイルカと同じように生活できる？」
O「イルカのような人だった！」
「水の中に神殿はあったの？」
O「アトランティス？」
「休憩場のような神殿、アトランティス」
O「休憩場？　うーん、お休みする所でしょう。少しの間？　うん、そうですネ」
「あった!?」
O「あったけど、力のない人は入れませんヨ」
「何か湖みたいなものが私は見えるけど……上に草がある。水には波がほとんど立っていない、きれいな……」
O「あなたはすごく上の人なのですよ。　そういうのが見える」
「食べ物は？」
O「昔、話しませんでしたっけ？」

「ううん、食べ物のことを教えて。果物多かった？」

Ｏ「ううん」

「果物じゃない？」

Ｏ「違う！」

「どんな物？」

Ｏ「パンみたいな、ポロポロしたものがある」

「あんまり食べないのかな」

Ｏ「果物はあるけど、あまり食べない。半分くらいかな。主食として、果物は食べるのではなく、ぼろぼろしたものを食べて……パンみたいな、食べた感じがある」

「私は、ほとんど神殿の中にいたのでしょう」

Ｏ「いましたヨ。３人ぐらい、いつも一緒にいた」

「誰と誰？」

Ｏ「上の人たちで」

「私と……」

Ｏ「あと２人」

「男ばかり？」

O「女の人はいない、男ばかり2人いた」

「3人いたの？　アトランティスを統括していたの？」

O「そう、先生たちは3人。まだ、上の人たちもいる」

「もう一つ上がいるの？」

O「隠れた人がいる」

「私たちより隠れた人がいるの？」

O「表では先生たちがやっていたのだけど、背後に一人、何でもできる人がいた。そして、今のここの場合だと、縁の下に確かに一人いた。その人は下にはいない。上ばかり（影の統括者）」

「その時の、地球の状態はどんな地形だった？」

O「ええと……真っ暗！」

「真っ暗？」

O「真っ暗」

「地球が真っ暗だったの？」

O「目の前が真っ暗……」（オーソンのエネルギー切れらしく、パワーを入れる）

「何が見える？　どんな地形になっていた？　今のヨーロッパみたいになっていた？　違

う?」

O「ヨーロッパじゃない」

「どんな感じ?」

O「難しいよ」

「太平洋にまだムーはあったの?　もう沈んでいた?」

O「ない!」

「では、今と同じような様子の地球が存在して、その中にアトランティスはあったの?　それとも違っている?　1万2000年前ならそんなに変わっていないはずだよ」

O「うーん……同じよう……あまり変わっていない」

「クレタ島のエーゲ海を中心にしても、そんな感じだったんだね」

O「そうですね。中心にしていた」

「地中海にあった?」

O「あったけど、何かを中心にしていたけど、そういう所。それが今はわからない。随分変わった」

「ギリシャの風俗とは、アトランティスと同じ風俗だね」

O「そうですね。似ています」

「建物も？」

Ｏ「アトランティスは、ギリシャ人が多いですね」

「建物もよく似ていた？」

Ｏ「うん」

「文化が相当発達していたね」

Ｏ「そうですね」

「光は水晶？」

Ｏ「うん、水晶が好き」

「水晶のエネルギーで……」

Ｏ「水晶と波動が合うのです。だから、身に着けていた」

「島みたいな所に500人くらい、いたわけね」

Ｏ「うん」

「アトランティスが没する時はどんな感じでしたか？　海中に没する時の状態は？」

Ｏ「言葉にならない」

「原因は、おごりから来たもの？」

Ｏ「裏切り！」

「何の裏切り？　神への裏切り？」
O「もう一つある。知っていることですよ」
「私の知っていること？」
O「うん」
「傲慢すぎた⁉」
O「そう思う？　やはりアトランティスの人たちは、傲慢だね」
「プライドが高すぎた？」
O「うん、高すぎたね」
「度を越していたんだね、すべて」
O「うん」
「一夜にして崩壊したのは、本当？」
O「一夜にして？　そう、水浸し。すべてがパーになっちゃった！」
「私は逃げたの？」
O「逃げなかった」
「私はどこにいた？」
O「救われた」

「宇宙から？」

O「神様から」

「どうやって逃げられたの？」

O「間一髪で、逃げられた……」

「金星に帰った？」

O「うん。入れてくれたね、神様が」

「岩が落ちたというイメージが全くない。Mさんは、その当時どこにいたの？　裏切った人？　彼女はいなかった？」

O「逃げたよ。知らないよ」

「どこに逃げた。UFOで？」

O「うん」

「裏切りがあったんだね」

O「うん、この人は裏切ったね」

「私を裏切った？　イエスと同じじゃない？」

O「うん……」

「イエスは磔《はりつけ》になったけどね」

O「あなたは救われた。だから日本によこされた……輪廻転生して。転生しなくてもいいのにしてしまった」

「落とされたのでしょう⁉」

O「そう」

「またその時が来ようとしているんだね」

O「一つずつ片付いていくから待って下さい。チャクラのこと、聞きました。上のほうで会議して、早く早くと言っています」

「早くしないと、間に合わない」

O「時期が来ないと。薬を飲んではいけませんよ」

「薬が一番いけない？」

O「うん」

「頭が割れそうに痛い」

O「それに耐えられるかどうか。これからイヤなもの見る時より、痛さのほうが楽でしょう！　先生が痛い時に周りの人が、痛いと感じ取ってくる。真希さん目の奥とこめかみが痛くなり、吐きそうになる。先生は一人で一度に来る。吐きそう、痛い、辛いというふうに来るのです。我慢して下さい」

「乗り越えないといけない」
O「何も痛さもなくて、チャクラが開く人がいます」
「たまたま事故に遭ったとかね」
O「そういう人とは、違いますからね」
「年内に開く?」
O「もっと早いですよ。我慢して下さいね」
「霊能者K・Tさんについて、あの当時、岩が落ちたと言っていた。あの人は下のほうでしょう?」
O「そんな人、知らない! ムーは下のほうに岩がゴロゴロ落ちていた」
「では、アトランティスは、岩が落ちて来たのではなくて、水が入ってきた?」
O「ザアーッって! ムーは下から引っ張られ、アトランティスは上から抑えられた」
「沈んだだけ? 私の妻がアトランティスのことを知っているのはなぜ? 私を訪ねて来たことがある?」
O「冒険してきた」
「短い間?」
O「ほんの一瞬……こうやってチラッと……」

「訪ねて来た？　私を」

Ｏ「いろいろ話したの覚えているみたいよ」

「記憶力がいいみたい。一緒に泳いだことがあったけど、息をしなくても潜れる」

Ｏ「どうしてそんなことを思うのか、私にはわかりません。奥さんはすごい方ですね」

「想像、イマジネーションの世界！　海底に泳ぐ？　息もせず。違う!?」

Ｏ「勝手に遊んでいたんじゃないですか？　遊んだことありますか？」

「覚えがない！」

Ｏ「そんなことはなかったと思う」

「瞑想で忙しかったのでしょう」

Ｏ「アトランティス見たさに来ている。一泊二日みたいな気持ちで。僕にはわかりません！　とてもびっくりするようなこと聞かれますからね。そんなことは…あんなに忙しかったのに、僕のほうが聞きたい。そんな暇はなかったのに」

「水晶の力はすごかったけど、どのくらいの大きさ？　発電に利用するくらいだから……。大きな水晶があった？」

Ｏ「柱みたいに大きいのがありました」

「実際に何メートルくらい？」

O「ビルみたいな高さですよ」
「それくらい大きな水晶があったのだね。それが宇宙の全体エネルギーを吸収して、その水晶も沈んでしまった?」
O「今ですか?」
「今、下にあるの?」
O「ない」
「なくなってしまった?」
O「ううん……」
「どこに持っていったの?」
O「上に持っていって、パーっとなった」
「分解したの?」
O「今こうしてつけてる」
「水晶は石炭とか炭素でしょう? 植物が変化して出来上がった……ということではないの?」
O「二通りあるのではないですかね……アトランティスのはパーッと……」
「その大きなのは最初から自然にあったの?」

Ｏ「あったよ。作り上げたのではなく……」
「最初からあった!?　ビルでいえば何階建て？」
Ｏ「何階建てなのだろう……」
「10階建て？　私の住んでいるビルくらい？　11階建て？」
Ｏ「上は六角柱みたいに尖っていなくて。つくったのかと聞かれてもわからない。最初からあったのですよ。前に真希さんが書いた形のもの、丸いものもなく……」
「それをどんなエネルギーに変えたの？　力にした！　その1個だけ水晶、ドーンとあったの？　それとも周りが水平？」
Ｏ「水晶の大きなものがあって、周りに小さいのがいろいろあって、筍みたいな感じ、というと一番わかりやすい。段々になっているでしょう。あんなふうですね」
「水晶の周りに、人が住んでいたの？」
Ｏ「水晶の周りには入れない。何か行う時に中に入ることがあっても。先生たちは上のほうだからいつも行き来できるけど普通の人は行かない。国を挙げてのカーニバルみたいな時に、お城を公開するようなものですよ。あまりいろいろな人が入ると、いくらアトランティスでも乱れてしまう」
「その時、アトランティスの周囲の人種は、どんな人が住んでいたの？」

O「いっぱいいいましたよ」

「文明がいろいろあったね。わからなかったし、理解していなかった。では、なぜ、プラトンはわかったの？」

O「プラトン？　わかってはいなかったのではないかな」

「このプラトンは何か教えてもらった？　覗き見したの？」

O「知らない」

「何でつくったのか……想像にしてはあまりにもよく練っていたね。プラトンの言うことはほぼ当たっていた」

O「本物のアトランティスの人に教えるためではないですか」

「あのころ、動物でイルカはいたの？」

O「うん」

「イルカと交信しているとか……イルカは非常に印象的」

O「いっぱいいた。可愛かったですよ」

「イルカはわかっているの？」

O「わかっていると思いますよ。いつかダイビングして交信してみて下さい。イルカはすごく先生のこととか覚えていますよ。ちゃんとした所に行かないとダメですよ！　自分がここと思った所に」

「イルカの寿命は短いの？」

O「人間と同じで80歳」

「イルカは輪廻転生するの？」

O「しますヨ。人間になりたいとか、お話したいとか言います」

「イルカはレベルが高いの？」

O「うん。一番高いですよ」

「宇宙人がイルカと交流しているとか？」

O「キンキン鳴く時ですネ、交流している」

「ピラミッドでこうやって瞑想することは、アトランティス人自体あったのではない？」

O「うん」

「きれいなところで瞑想する？」

O「そう」

「イルカも近くにいたと思う」

O「うん、ピラミットがあって周りに…、周りにね、青っぽいのがある。水？」

「水だろう……」

O「水の中に……イルカがいる！」
「他にあのころの動物は？　イルカの他に賢い動物はいない？」
O「いない」
「鯨とかいなかった？」
O「いない」
「アトランティスで印象的なものは何？」
O「水晶!!」
「水晶を持つ人は、アトランティスと関係がある」
O「あるね、かなり関係があるね」
「寿命は当時どれくらいだった？」
O「誕生日とかを祝っていたこともないからね。ええと、あまり、そんなに長くないのではありませんか」
「短いの？」
O「短いっていっても、そんなに短くないですよ」
「300年くらい？」
O「いや、もっと長い」

「ずーっと生きていたの？　私は輪廻転生していたの？　何万年も生きているの？　同じ場所でずーっと輪廻転生していた？」

Ｏ「うん」

「では、地位はずっと変わらなかった？」

Ｏ「うん」

「私が一番上なの？　他に上がいた？　私以上はいなかった？」

Ｏ「一番上かな？　てっぺんだね」

ヒーリング後の感想

アトランティスが、大西洋のバミューダ島と関係があると一般的に言われているが、このヒーリングでは、エーゲ海が出てくる。確実にアトランティスがあったと、私自身に感じるものがある。まったく架空のものは、魂的な見方からすれば存在しない。想像するものは存在するというのが、私の考え方である。

第六章

宇宙へ

○ＵＦＯ問題について

ＵＦＯについての本格的な取材をし始めたのは１９７０年のことだから、今から30年も前のことである。アダムスキーの「空飛ぶ円盤同乗記」を読み終えて、近くのいろいろな人たちに取材をしたのを覚えている。意外だったのは、身近な人でも結構ＵＦＯを目撃しているということだった。10人中２〜３人は確実にその経験があるのだった。

私も簡単に見ることができるなと思った当時、何の気なしに空を見上げた時など、音もなく低空飛行している球形のＵＦＯをよく目撃した。もちろん、そこには潜在的な意識が持続していなければ難しいように思える。〝誤認だろう〟と言われるかもしれないが、ここ北九州は近くに芦屋基地、築城基地があるのでジェット機かそうでないのかは、見慣れているので判別は簡単である。

１９７６年９月16日付けの読売新聞夕刊には、福岡県嘉穂町でＵＦＯのフラップ現象を写真入りで掲載している。この時の騒ぎの状態を、10年も過ぎた１９８５年３月に私誌「ライブマガジン」でようやく取り上げることができた。新聞には〝音もなく点滅飛行〟と書かれている。広島、岡山にもこれと同じフラップ現象が起こっていた。

しかし、これに同調して売名行為をするものや、インチキ臭いものが多々あったことも事実だった。真実を隠す魔の手は、いつもすぐそばにやって来ていた。当時はTVでUFOを取り上げることが実に多かった。UFO特番でスイスのビリー・マイヤーを取り上げるなど、毎日が楽しかったものだったが、突然UFOの番組がなくなっていった。

これは、アメリカからの軍の圧力以外の何ものでもなかった、とその時から理解していた。アメリカの闇の勢力に負けてはならない。日本はアメリカ政府の思いのままだから、日本の政治家は腰抜けが多い。現在の首相はその典型だろう。UFOがもたらす意味の大きさを、特に日本人はまったく理解していない。

日本人は平和主義ではあるのだが、日和見主義でもある。同じ日本に生まれた私だが、根本的にはまったくといっていいほど合わない。多くの日本人は感情的、感傷的な動物であると思う。物事に立体的な考え方ができていない。まったくといっていいほど創造力がない。そのくせ他人の足を引っ張ることは天才に近い。それも集団の結束は見事なものである。しかし、個性がなさすぎる。発明や発見をした人物がほとんどいないのはこのためでもある。

だから、UFOのことをお年寄りに言っても、サルに話をしているのと同じである。話は長続きしないばかりか、時間のむだであると悟らざるをえなくなる。現代の科学者に至っても、アメリカよりも数十年遅れた人工衛星を打ち上げようとしているが、失敗ばかりしている。

さらに、ＵＦＯと関係ない話のように思えるかもしれないが、普段の日本人の生活を見ていたらよくわかるだろう。まずマナーがない。これは、完全に日本人の哲学のなさを証明している。タバコ、空き缶のポイ捨て。人目構わない立小便。彼らは自分だけの世界で動いている。他人のことなど考えていない。

そういう人たちの顔をマジマジと私は見ることにしている。すると、一つの答えが出る。彼らを人間として見るから腹が立つのだ。ほとんどサルに近い。そういう顔をしている。嘘だと思うなら、そういう人たちをよく見るといい。いかに紳士的な顔をしていても、そういう行為をしたなら、中味はサルである。

こういうマナーのない者にＵＦＯは通用しない。仮に理解しても、それは表面だけだとわかる。なぜなら、ＵＦＯに乗っている彼らは我々よりも高度な生活と考え方を持っている。礼儀を知らず立小便をする者と波動が合うわけがないからだ。ＵＦＯを学ぼうとする者、あるいはＵＦＯとの接近遭遇を待ち望む者は、マナーと立体感のある考えを体得することが大切になる。

21世紀は、レベルの低い人種がやがて葬られ、新しい秩序がやって来る。秩序の低い国は改善されるか、もしくは滅びる運命をたどることであろう。

皆さんは、UFOが現在何をしにやって来ているのか、ご存知ではないだろう。ノストラダムスの予言は、人間の本来持つべき感性を磨きなさいとも言っている。ノアの箱舟は、神の存在に目を開きなさい、と言っている。さて、UFOの存在は、この狭い地球だけではなく、広い宇宙に目を向けなさいと言っている。

この地球は、何度も滅亡の危機に遭っている。21世紀を前にして、この危機が再び襲ってきている。その兆候は、まず自然現象に現れてくる。この地球は、海と陸の比率が決まっている。それを超えると、天変地異が起こるようになっている。

人間は私利私欲のまま科学を発展させ、プラスとマイナスを生んだ。例えば、自動車は便利で自由な行動を可能にした。反面、公害をも生んだ。この公害は、人間にどういう影響があるのだろうか。すでに、ヨーロッパで深刻な問題になっている酸性雨である。森林の状態を悪化させている。人間に大切な酸素補給を自ら絶とうとしている。自動車の吐き出すエネルギーが、地上の温度を上げてきている。私は夕方、小倉の街を高いところから見るために、地上200メートルくらいの小文字山に登り眺めたことがある。車から出る排気ガスのために灰色のうすい雲状態になっているのがよくわかる。こういうものに対して、危機感はないのだろうか、とつくづく思う。

我々が使っているクーラーもそうである。暑いから体を冷やしてくれる。反面フロンガスが、空中で分解することなくオゾン層を破壊し始める。２０００年、ついに南極では南極大陸を超える大きさのオゾンホールができた。有害な紫外線などが入ってしまい、人類を保護する膜を自ら破壊している。オゾン層の破壊は、何万の人工衛星を打ち上げることによっても起こっている。オゾンホールの修正には、実は何十年もかかるのだ。

さらに、原子爆弾の使用である。この実験には全世界で何万発も使用している。彼らはこの武器をどうしようとしているのだろうか。たとえ、地下の実験でも人体に影響のないものはないのである。何万発と起こした実験の結果、地球の地軸が傾き始めている。旧ソ連で起こったチェルノブイリ原子力発電の事故。原子力そのものの意味もわからない人種の起こした人災である。チェルノブイリでは、いまだに白血病患者が何も手を施されずに増え続けている。

今期初めて起こった東京の集中豪雨。温暖化はさらに拍車を掛けることだろう。地震はさらに増えつづける。南極の氷はものすごい勢いで溶けている。

この地球の異常を警告するかのように、実はＵＦＯが現れているのだ。この宇宙は微妙でデリケートな構造を維持している。太陽の黒点が多く出たかどうかで、地球の気象に影響がある。当然、太陽系の他の星にも影響があるだろう。あまり大きな影響がないように、ＵＦＯの乗組員は地球を支えている。

しかし、銀河系外から来たＵＦＯには例外もある。中には観光で来る場合もあるようだ。人類を拉致して人体実験をするものもいる。しかし、善のものが90パーセントで、悪に値するものが10パーセントと見てよいだろう。いわゆるヒューマノイドと言われるのは、その中でも極めて少ない。映画「未知との遭遇」で最後に出てくる宇宙人「ＥＴ」によく似たもの。その他にも数十種類がある。中には人間に変化するものもいる。

彼らの情報収集は、アメリカのＣＩＡや旧ソ連のＫＧＢどころではない。こと細かく実に静かに行われている。しかし、それを彼らは悪用したり、第三者へ情報を無用に流したりはしないのである。特にその星と関係のある人物には、綿密な情報を収集する。

ところで、アメリカでは、独自で造られているＵＦＯがある。独自といっても、アメリカ自体がそんな技術を初めから持つわけがない。時代をさかのぼって、１９４７年7月にＵＦＯ墜落事件があった。いわゆる「ロズウェル事件」である。

ニューメキシコ州のロズウェル近郊の牧場に円盤が不時着した。その後すぐに、ロズウェル陸軍航空隊基地から派遣部隊が、バラバラになった円盤と生きた宇宙人の回収を始めた。それ以来、アメリカは宇宙人との交流を開始し、彼らと共同の円盤を製造し始めた。それを、アメリカは極秘事項とし、今でもそれは謎のままである。

しかし、地球製の円盤はまだ発達途上で、せいぜい地球を周回するくらいの性能しか備えていない。アメリカの外の顔(つまり外見的にはスペースシャトルを使用する)、これは、ロシアや他の国とで共同で造られている宇宙ステーションが背後にあるからだと思われる。

実際は宇宙人との共同作業を行い、大統領承諾の下にここ半世紀の間、活動しているのだ。コンピューターの異常な発達も、背後に宇宙人の絡みも当然感じられる。1969年7月24日のアポロ11号の月面着陸の際には、UFOの巨大な力が背後にあったと言われている。アームストロング船長以下の皆がUFOを目撃している。アメリカが巨大な力を示すようになったのも、宇宙人によるところが大きいと言えるだろう。

さて、アメリカで活躍している宇宙人は、ロズウェル事件での宇宙人(グレイ)とは違うようである。イギリスでのUFO不時着事件で、関係した宇宙人(愛称は〝子供〟)ではないかと思われる。

映画「未知との遭遇」で最後に現れた小さな白い小人系の宇宙人であろう。私の目に写るのは、白くて透明な感じの宇宙人で、彼らは楽に宙に浮くことができる。彼らは人間の持つ、いわゆる〝喜怒哀楽〟という表情が少ない。目が吊り上った時、怒った表情となる。

しかし、心を本当に許した時、口がUの字型を平たくした感じになる。この種の宇宙人には絶対してはいけないことがある。〝バカにしてはいけない〟〝嘘をついてはいけない〟ということだ。彼らは、非常に忠実なブラザーズであるから。単に売名行為のためだけで、接近しようとすると、大きなしっぺ返しが来る。「死」を覚悟した方がいいだろう。

21世紀は大きな分岐点がやって来る。UFOとつながってくるために精神文化に入り、汚れたものと清純なものとの二通りの人間に分化される。当然、清純なものはUFOと交流する。交流できないものは、地球の危機が訪れた時、助けられなくなるのだ。

このようにUFOの存在は、我々の精神文化を成長させるだけではなく、宇宙の観点からの意識と人類の危機のため、いかに人類や地球を助けるための心を養うかにあるようだ。

次は、UFOに関係ある事柄についてのヒーリングをやってみよう。

○マイヤー事件

1937年にスイスに生まれたエドワード・マイヤー（愛称はビリー）は、1942年（5歳）に彼の父とともにUFOを目撃。その年の秋に宇宙人よりテレパシーを受ける。そして、その年の11月に宇宙人男性スファから案内されて宇宙船に乗る。

育を受ける。

１９５３年２月（16歳）に、アスカットという宇宙人女性と親交を図り、予言などの教育を受ける。

１９６５年（28歳）、トルコで自動車事故に遭い、左腕を失う。１９７５年から１９９６年までの間には、非公式ではあるがおよそ250人の高官と宇宙人が会見している。しかし、現在のマイヤーは、精神的な異常が起こり、自分を〝キリスト〟の直接の化身であると、妙な主張をしているようである。

彼はプレアデス星団の宇宙人と100回以上の会見をしており、数百枚にも及ぶ写真とビデオを撮っている。だが、近年これらの写真をコンピューター分析してみると、大多数のものは偽物であることが判明したという。

８月10日

…………（Oはオーソン）………

「マイヤーの話はいろいろ知っているでしょう？　嫌い？」

O「嫌いでも教えてあげるよ」

「UFOの事件を扱うと必ずこれが出てくる。フィルム、写真はいっぱい残っているしね。最初の出会いは自然だと思うよ。マイヤーとプレアデス星人（スバル）との最初の出会いのところは、このとおりでいい？　間違っていない？」

O「うん。いいでしょう」
「プレアデス星人の本当の姿はどんな感じ？　やっぱりヒューマノイド（人間と同じ形）？」
O「はい、そうです」
「そのプレアデス星人の服装というか、その辺から聞きたいのだけど」
O「もともとの服装ですか？　宇宙人のような感じ。それが人に会うから、人間のようになる」
「本当の姿は？　昆虫っぽいの？　虫みたいな感じ？　目の大きな宇宙人の感じ？」
O「目が細長い。耳が尖っている。鼻は穴だけ。口はおちょぼ口」
「手はどれくらい長いの？」
O「膝くらいまで届く」
「手（指）は何本？」
O「3つ」
「皮膚の色は？」
O「銀色」
「足の長さは？」

O「普通の長さ、短くないです」
「背の高さは？」
O「小さい」
「1メートルくらい？」
O「120センチくらい」
「触角はあるの？　ない？」
O「うん。ない」
「ETみたいな感じ？」
O「そう思ってもらったらいい」
「『E・T・』という映画があったよね、あれは何？　これをモデルにしたの？　プレアデス星人がモデル？」
O「はい。3つだったですかね（手の指）、丸かったですよね。それはリアルすぎるから」
「3つじゃなかったよね。5つ。人間みたいな手をしていたよね。ETの映画はビリーマイヤーに出てくるプレアデス星人をモデルにしたんだね」
O「はい、そうです。ビリーマイヤーもプレアデス星人ですよ」
「現在、このプレアデス星人は地球にどれくらいいるの？」

O「いない、いないよ」
「あら、でも今、コンタクトしているでしょう?」
O「今、いない」
「コンタクト、やめた?」
O「やめていない。コンタクトしているけど、今はいない」
「今、彼らはどこにいるの?」
O「星に帰っているのではないですか? 最後の行に真意を見定めて欲しいと書いてありますよね。どこかのこういうところの人が宇宙に関する本を出すでしょう。そしたら動き出す。それまでじっとしています」
「プレアデス星人は荒っぽいの?」
O「ううん」
「おとなしい?」
O「おとなしくもない、荒っぽくもない」
「友好的?」
O「いいえ」
「侵略を狙っている?」

O「うん。いつか……」
「征服しようとするわけね？」
O「うん」
「では、今阻止されているんだ。いろいろなものから」
O「入れないようになっていますね、地球に……」
「プレアデス星人が？　そこでマイヤーの頭がやられてきているわけね」
O「おかしくなっている」
「変装するのは得意なんだ」
O「うん。何でもできますよ」
「瞬間移動は楽なのだね」
O「うん」
「UFOの型が独特だよね」
O「うん」
「トラックでいえばトラック野郎みたいにけばけばしいね。UFOのアクセサリーが派手」
O「いらないのにね」
「いっぱいいつけているね。我々の話も聞いているだろう」

O「うん、聞いているよ」
「何かしようとしている？」
O「じっと見ているからね」
「阻止しようとしている？」
O「どんなふうに書くのかな？　ああ、ばれたって……」
「見破った人、誰もいないだろう」
O「いないですね。見えない人ばかり。見えないのに、見えるとか言う人ばかり」
「プレアデスって星はどんな星？」
O「小さな星」
「地球とどう違う？　小さい？　大きい？」
O「小さい、とても小さい」
「月くらい？」
O「すごく小さい」
「月より小さい？」
O「小さい」
「そんなのあるの？」

O「ありますよ」

「彼らはどんな生活をしているの？」

O「知らない」

「建物はあるの？　どんな形をしているの？」

O「砂ぼこりが見えるだけ」（オーソンはむせている）

「砂漠みたいだね」

O「灰色みたいな大地。入れないですよ、ここには」

「何を食べて生きているの？」

O「わからない」

「わからないくらい……20年前くらいに、アスカットという女性がコンタクトを取ろうと、私の額に現れたんだが……」

O「やめたほうがいい」

「ピカッと額が光った。あれが合図だったのだろうけど……」

O「受け入れたら、人間の形になって入ってくるよ」

「マイヤーの撮った写真がかなりあるけど、あれは嘘だと出ているが、どうなの？」

O「嘘」

「作り物？　合成写真？」

O「作り物」

「なぜ、そんなものを作るの？」

O「情報におぼれてしまった。見えなくなっていくのですよ」

「霊能者と同じだね」

O「そうですね。そしたら自分の記憶をたどっていって、こんな感じって思って作ってしまう。そういう人がたくさんいる」

「コンタクトは100回と書いてあるけど、相当な数だね」

O「何千回もやっている。100回って出るのが不思議です。しょっちゅうやるからわからないくらい」

「そうだね。彼らが残した物の中にレーザー銃があるが、木に穴を開けた所が実際に残っている。それはやっぱり、彼らがレーザー銃で開けた？」

O「開けた」

「戦争が好きな種族？　彼らは他にどんな武器で戦おうとしているの？」

O「わからない」

「すごい武器を持っているでしょうね」

Ｏ「持っていると思いますがね……」
「ここでは言えないんだね。地球だけではないんだね、征服しようとしてるのは……他にもいっぱい征服したんでしょう？　彼らは」
Ｏ「征服したようですね。したようですけど、そのたびに罰を受けている。神様から罰を受ける。（例えば我々であれば）自分たちが地球以外の星に行くのは楽しいですよね。そういうことができなくなったりする」
「これから先、彼らは来ないのだね。来られなくなったのだね」
Ｏ「うん。外に出ようとしたらフワーッと出られていたのが、ガラスみたいに星が覆われてしまって出られなくなった」
「だから今帰っているのだね、なるほど」
Ｏ「そう」
「宇宙の協定を破った？」
Ｏ「そう」
「宇宙人も地球人をだいぶん殺したでしょう？」
Ｏ「うん。そんな宇宙人をこの子（真希さん）の体の中に入れたら、またおかしくなるよ」

ヒーリング後の真希さんの感想
本当に小さな惑星（プレアデス）らしい。風がなくて、砂ぼこりが竜巻みたいに回っている。星は全体的に小さくなく、大きい。暑いか寒いかといわれれば暑い。肌では暑さを感じない。ただ、ここには長くいられない。プレアデスはそんな星……。

○エリア51　8月10日　6：15PM

アメリカ・ネバダ州ラスベガスの北西150キロの所に、エリア51と称されたアメリカ軍の秘密基地がある。これはTVでも話題になっており、周囲を山で囲まれた秘密基地としては絶好の場所でもある。

ここに連日、謎の飛行物体が飛んで来るというので、週末はそれを見ようと全米から見学者がやって来る。基地はフェンスで囲まれているが、楽に入って行けそうな場所もあるらしい。しかし、そこへいったん足を踏み入れると1年間以上の刑が待っている。ここは、宇宙人が他の惑星から飛来する唯一の場所でもある。

山の西側斜面の地下にはUFOの格納庫がある。格納庫から降りた宇宙人と地球の科学者は、共同の研究をしている。共同というよりは、宇宙人からの知識を学んでいるというのが正しい表現だろう。彼ら（素晴らしい宇宙人）を、地球の科学者は〝子供たち〟と呼んでいる。

「アメリカのネバダ州、ラスベガスの北西150キロ。山々に囲まれたアメリカの秘密空軍基地。そこまで円盤でさーっと行きましょうかね。オーソンもこの辺はよく知っているでしょう。入っていく前に周りの様子を教えて」
O「周りの様子って、今どんな感じかということ？」
「かなり広い？」
O「すごく広い。今は静かになっているのです」
「なぜ静かなの？」
O「今の時間だけ静か」
「今何時ごろ？　時差は12〜13時間くらいあるね。日付変更線からいえば朝かな？」
O「アメリカに行くと早くなるのですよ。次の日になるのですよ」
「ということは、日本の方が早いのか……」
O「遅いのです。」

「遅いのか。ということは朝、明け方、夜中？」
O「4時くらい？　だから静か」
「周りは寝ているのだろうね」
O「起きている人もいるけど。宇宙人は起きているから……」
「宇宙人はずっと起きているからね」
O「そうですね。寝ることないですね」
「どういう型の円盤が出入りする？」
O「帽子みたいなやつ」
「今は何機くらい入っているの？」
O「2機くらい」
「さて、中の様子は？　円盤は何ヶ所から入れる？」
O「空間ですか？　いっぱいあるよ」
「宇宙人と共同研究しているの？」
O「違う」
「宇宙人が主導権を握っているの？」
O「アメリカ人が握っている」

「科学者はいっぱいいるの?」

O「いっぱいいますよ。ほとんど科学者ですよ」

「全米の優秀な科学者が集まっている?」

O「うん。あまり間違えないね。宇宙のことに関して確実ではないけれど。というか、あまり細かなこと書くと嘘だよっていってある。それも本当っぽくするからね。だからあまり間違いがない」

「この宇宙人はどんな形をしているの?」

O「一番目に真希さんにヒーリングした宇宙人」

「月の宇宙人?」

O「それもあるし、見たことがあるような宇宙人もいる」

「背も小さいの?」

O「大きくないです。これは何かな? 解剖された……」

「宇宙人のタイプだよね」

O「そうですね」

「宇宙人はどんなふうな協力をしているわけ?」

O「協力かどうか、間違えそうになったらその人に(体の中に)入って書き直させる。そう、だからぼくだったら真希さんに入ってちゃんとしたことを喋らせて先生に伝える。首尾よくいけば、コンタクトを取る時もある。宇宙人の狙いとすれば、無意識のうちに入り込んでいるケースが多いでしょう」

「どこに？」

O「体の中ですよ」

「中に入るの？」

O「入りますよ」

「すーっと」

O「はい」

「意識を変えていくわけ？」

O「そう、いろいろありますよ。宇宙人によっては」

「どこから来た宇宙人？　星はどこから？　どこの星？」

O「一番よく知っている星」

「水星？」

O「水星かな。金星人はいない」

「水星から来ている？」

Ｏ「ほとんど水星から来ている」
「背が低いし、１メートルはないのかな？」
Ｏ「ないね」
「宙に浮くやつ？」
Ｏ「うん」
「透明じゃない、霊体に近いのかな？」
Ｏ「うん」
「その宇宙船によく乗るの？」
Ｏ「そこのアメリカ人はよく乗ります。乗ったという記憶はそこでは消されますよ」
「へー。完全に秘密？」
Ｏ「はい」
「なぜ、このようなことをアメリカは公にしないの？」
Ｏ「やられるからでしょう」
「誰に？」
Ｏ「ケネディと同じように」
「今回は物理学者のホブラザーが証言した。彼はどうして殺されずに証言できたの？」

O「本当のことを言ったから」
「普通は殺されるでしょう？」
O「殺された人は嘘を言うでしょう」
「売名行為ね」
O「はい」
「アメリカ合衆国はまだ発表しないのだろうか？」
O「しないですね。できないですよ」
「なぜ？」
O「やられちゃうから。宇宙人に」
「発表すると宇宙人がやってしまうの？」
O「間違ったことを言ったり伝えたりすると、宇宙人から殺されたりする。アメリカ人は嘘を言ったりするから」
「真実を伝えればいいわけね」
O「そう。ここ（額）に入っているもの。コントロールされて殺されることがあります」
「ふうー」
O「真実を伝えればいいのですよ」

「真実を伝えれば、宇宙人は怒ることはないのだね」
Ｏ「人間は本当のことを言わないでしょう。誰かが誰かに言っているみたいに、ここの身近でも起きています」
「格納庫には、回収された9機の円盤がある」
Ｏ「あるでしょうね」
「直径12メートルくらい？」
Ｏ「だいたいね。うん」
「動力はどうなっているの。円盤の内部は三重構造になっている？」
Ｏ「うん」
「一番下の構造、3機のフロアー、動力装置？」
Ｏ「はい」

ヒーリング後の感想
　このヒーリングをしている間に気づくのは、ＵＦＯとコンタクトしている者にとっては日常的なものであって、別に異常なことではないということ。過去にもこういった歴史が行われていたから、宇宙人との交流も実に自然の流れに沿っているのである。科学者にとっては、未知のことが解明すれば、幸せな人種であるからして、そこに宇宙人がいようがいまいが、たいした問題ではない。このエリア51は、昔からの秘密の場所だから、民衆が大騒ぎするだけで、内部にいるものにとっては、外部よりも冷静で淡々と仕事をこなしている姿が映ってくる。

○UFOアブダクション事件　8月19日（土）　6：10PM

〈……突如として出現した〝光り輝く物体〟を、偶然にも目撃した一人の女性（ケリー・ケイヒル）は、その夜から体に異変が起こり、悪夢に苛まれていた。何より不可解なのは、その物体を見てからの〝1時間30分〟の記憶が欠落していたことだ。そこで、事件の解明に向けて調査が行われたが、何と逆行催眠下で彼女は、エイリアンに誘拐され、UFO内で、〝人体実験〟を受けたと証言したのだ！　一方で、彼女と同様の証言をする目撃者が次々と現れたことで、「集団UFOアブダクション」という前代未聞の事件へと発展していった……〉（「ムー」9月号　学研）

1993年8月7日、オーストラリア南東部ヴィクトリア州メルボルン近郊にあるベルグレイブ街道でのことである。

「オーストラリアでUFOがしょっちゅう出て来ている。その事件が〝UFOアブダクション事件〟。その中で女性が誘拐された」

O「1人だけですか？」

「家族ですよ」

O「3人くらい」

「その中で、車の中に入っていたけど、一時間半車を止めて、その間の記憶がない。女性の名前はケリー・ケイヒル。逆行催眠でわかったのは人体実験をされたのではないかということ。場所はオーストラリアのメルボルン近郊のベルグレイブという町。1993年8月7日午後11時30分過ぎ。このUFOは直径15メートルくらいの巨大な物体が滞空して、1時間半の記憶がない。宇宙人の顔を逆行催眠で見たら、真っ黒い顔（もぐらみたい）だった」

O「レイプされたのではないかな」

「この話でわかる？」

O「いたずらした」

「このＵＦＯはどこから来たの？　太陽系じゃないね」
Ｏ「うん。遠くの小さな星」
「遠くの星から来た？」
Ｏ「うん」
「どういう種族なの？」
Ｏ「人体実験？　種族っていうのは？」
「どういう星で、どういう姿なの？　昆虫みたいな姿？　ねずみ男みたいな？」
Ｏ「そうですね」
「結構進んでいるＵＦＯに乗っているね」
Ｏ「外見はね。中身は違う」
「おんぼろ？」
Ｏ「手術場みたいな」
「人体実験の」
Ｏ「こう（体を……）」
「切るわけ？」
Ｏ「切ったりしていますね」

「性行為？」

O「うん」

「なぜ、性行為するの？」

O「体が人間に近いからですね」

「顔はねずみ男みたいな顔しているけど」

O「気持ち悪いですね」

「性行為をするために降りてくるの？」

O「したかった！　どのようなものか知りたかったんでしょうね。心があまり読めませんね」

「心が読めない？　暴行された女性はこの宇宙人と関係があるの？」

O「ない。ショックを受けています。その女の子の気持ちはわかるけど、宇宙人の気持ちはわからない」

「低級なんだ」

O「突然のことで、女の子はショックだったでしょうね。そういう宇宙人は最初から、狙っていますからね」

「オーストラリアは結構、こういうのが入りやすいの？」

O「多いですね」
「オゾンと関係があるの？」
O「うん」
「じゃあ、今からオーストラリアは悪くなる一方だね」
O「あんまり行かないほうがいいですね」
「着陸の跡も生々しく残っているね。女性も縛られた跡が残っているね。着陸した跡は、草が黒焦げになっている。タンニン酸が検出されたらしく異常に臭かった。科学物質を使っているんだね。麻酔薬みたいなのかな。そうでしょう？」
O「うん、そうですね」
「こういうのが現れるからエイリアンって言われるようになるんだね」
O「そうですね」
「化学物質をいっぱい持っているわけ？　この人種は」
O「そんなことでもない。持っている量は普通だと思いますよ」
「ちょっと？」
O「うん」
「麻酔として使ったのでしょう？」

O「そう」
「彼らはどんな星なの？」
O「うーん。何もない」
「何もないの？」
O「何も見えない」
「地下組織？」
O「何も見えない」
「都市も見えないの？」
O「町？　ない」
「円盤で移動するだけ？」
O「円盤の中でしか……」
「生きていけない」
O「外には出られない」
「じゃあ、どこで円盤を造るの？」
O「円盤を造る所？」
「その星では造れないの？」

Ｏ「造っていない」
「移動中に造るわけ？」
Ｏ「そんなことはできないから、移動した所で造る」
「地球とか？」
Ｏ「造っている所は見えないですよ」
「一瞬にして造るわけ？」
Ｏ「そういうわけではないですけど。そんなに何機もないので、（ＵＦＯの数も決まっているから、その数だけ）あったら終わりなので……いっぱい造ろうという気はないですね」
「彼らの人数はどれくらい？」
Ｏ「少ないですよ」
「何十人くらい、何百人？」
Ｏ「何十人しかいない。落ちた人が来ていますね。あんまりよくないですよ。レベル的にも」
「寿命はどれくらいなの？」
Ｏ「これもまた、寿命……あまり（長くない）。そんなに宇宙人が少ないっていってもね」
「100人くらい」

O「うん、よくわかったね」
「子孫繁栄はちゃんとやっている？」
O「やっているけど、あまりできない」
「地球人を産もうとしたわけ？　そうじゃない？」
O「遊びに来たのでしょう。遊んだだけ」
「反省する気持ちはある？」
O「ない。全くないね……」
「UFOが現れると必ずエンゼル・ヘアが出るが、これはどういう原理でできるの？」
O「接触した時でしょう？」
「みんな雪みたいに降ってきて、手元に取ると自然に消えるらしい。この物質は何なの？　爆発の後に起こるものらしいが……」
O「あまり、(エンゼル・ヘアに)出会わないほうがいい」
「いいものじゃない？」
O「違う。逆に書いている人もいるかもしれないけど(ああ、いいものかなーって)」
「いいものじゃない」

ヒーリング後の感想

彼らは非常に低級な宇宙人で、モラルなどあまりないようである。人体実験やセックスを強要する宇宙人は、突然やって来て、宇宙のルールを破ったことでの罪を受け、再び地球には来られなくなってしまう。真希さんにヒーリング終了後、この宇宙人が霊体となって襲って来たので、私が彼らをことごとく燃やしてしまった。真希さんは、「黒くて、怖かった！」と言った。

あとがき

ここまで読んでいただいて、皆さんはどのように考えられたであろうか。ヒーリングは最初は治療として始めた。それが、エドガー・ケイシーのようにフィジカルリーディングからライフリーディングに変わった。だが、エドガー・ケイシーと違う点は、フィジカルよりもライフのほうが、私は重要であると思っていることだ。

しかし、彼ほど深く次元を往来する能力は、私が実験を行った真希さんにはなかったけれども、別の角度からは彼女をうまく誘導できたような気がする。

私の魂そのものは20パーセントくらいしか、まだ開花はしていない。だが、私を知っている神に近い存在のものたちが、私を応援してくださったので、この本の出版までこぎつけることができた次第である。

この本の出版までにはいろいろのエピソードがあった。

例えば、アインシュタインでヒーリングをやろうとしたが、真希さんそのものに数学的な素地がないために失敗に終わった。彼女の頭に数式がゴチャゴチャと重なり整理がつかなくなってしまった。それと、イスラムのマホメットを彼女の体にいったん入れたが、「私はこの波動と違うので引き上げます」といって、彼女の体から退散した。マホメットは三大宗教の一つの祖と思っていたが、彼は人を殺した歴史がある。キリストや仏陀とはレベルがあまりにも違っていたのである（イスラム宗派の方には申しわけない）。

真希さんの体は、マリア様などが入れるくらい、非常にきれいな霊体である。これは高い霊体が、皆声をそろえて言ったのには私も驚いた。彼女なくしては、この本の出版は難しかったな、とつくづく思う次第である。

金星人オーソンを介して、いろいろな質問をしたのだけれども、あいまいな箇所もかなりあったと反省している。

アダムスキーが出版した書籍に述べられている円盤内部の風景は、かなり違っていたのをオーソンは指摘している。彼が行きたがらなかったのは、火星と土星である。特に火星には異常なものがあるようだ。つまり、地球人と合わない何かである。そして、土星にもそのような同類のことが隠されているのである。

ここでもアダムスキーが、書いているのとはかなり違っているのがわかる。アダムスキーの哲学的な部分に関してだけは、間違って書いたところは多く見当たらないと思う。しかし、転生に関する記述は完全に誤りである。そして、木星も調べようとしたけれども、この星だけは、人の住んでない原始的なものだとわかった。唯、霊的にはエジプト文明の波動と重なっているらしい。

地球外生物で一番厄介だったのが、オーストラリアのアブダクション事件である。ヒーリングが終わってからも、しつこく真希さんにまとわりつき、霊的行動を駆使して彼女を犯そうとしたので、彼らをことごとく私の気で燃やしてしまった。

紙数の都合で本書ですべてを紹介できなかったが、私が感動したのは、ダイアナ妃、ノストラダムス、キリスト、モーゼ、ノアの箱舟である。

ダイアナ妃のことは、翻訳したものを、イギリス王室・ウィリアム王子に送った。しかし残念ながらその返事は返って来なかった。私自身は彼女を霊界に送り届けたことで満足である。そのことを、是非長男であるウィリアム王子に伝えたいと思っている。出きるならば、王子の前でヒーリングをしたいと考えている。実現させるために努力している。

ノストラダムスに関しては、グランドクロスとはどんなものかを教えてもらったことが、最大の収穫であった。人間的にも本当に温かい感じのする人物であった。

キリストは、慈愛に満ちた方で、私がそばにいたのなら、十字架にかけないように阻止したかったくらいの人物だった。誰にも言わなかったが、キリストが真希さんの体に入った時、白く明るいオーラが差していたのがとても印象的であった。

モーゼに関しては、これが実に人間的な方で、紅海を渡るシーンは映画より迫力を感じた。紅海を渡る前に、何度も予備調査をしており、時間まで定めていたのには感心した。モーゼは戦わずして奴隷たちを救ったのだ。その温かい心が神に通じたのだろう。

そして、ノアの箱舟は、現代につながる何かがあるな、と私は読み取った。現代でのノアの箱舟はUFOだろう。UFOが現れるのには意味がある。その意味をいかに理解できるかが、今後の我々にかかっていると思える。アメリカでは半世紀も前に、地球からの脱出計画をしているのである。フリーメイソンを中心とした、彼らの秘密計画は着々と進んでいる。知らないものは、一般の人々である。そして、怖いのはとんでもない異星人の創造である。異星人は、蜘蛛であったり、蜂であったり、化け物に近いものであったりしていることである。

映画の中では、よい宇宙人の出るものが少ない。我々はアメリカの単純な魂胆をちゃんと見抜かねばならない。彼らは、おいしい食べ物を自分でひとりじめにするような性格である。彼らの脱出計画は、すでに月に基地があり、火星にも小さな基地がある。

さらに、他の惑星のUFOに乗って、あらゆるところに出掛けて調査している。そして、彼ら宇宙人とともに脱出計画をもしているのだ。地球で起きるいろいろなことが、UFOと関係を持つのである。今までのUFOへのイメージを変えなければならない。「UFOなんて夢のものだ」という人は、地球が危ない時や自分が危ない時でも、助かることはない。
そういう観点からUFOを見て、この本をひとりでも多くの人に読んでもらいたい、と願っている。

星椎　水精

著者プロフィール

星椎　水精（ほしい　すいせい）

1950年福岡県生まれ。福岡県八幡高校卒業。
1981年6月同人誌「ぶんげい」編集長。
その中で、詩、童話、短編小説、ＳＦを掲載。市の文化賞数個受賞。
その後、ノンフィクションでＵＦＯの取材を手がけ、ＵＦＯ研究会に入る。
現在、気功整体院・院長。宇宙クラブ・編集長。

ホームページ　http://www.uchuuclub.net
Eメール　mail@uchuuclub.net

ヒーリング～宇宙へ

2001年3月15日　初版第1刷発行

著　者　星椎水精
発行者　韮澤潤一郎
発行所　株式会社たま出版
〒107-0052　東京都港区赤坂6-4-18
電話03-3560-1536（代表）
03-3814-2491（営業）

印刷所　株式会社平河工業社

乱丁・落丁本はお取り替えいたします。
ISBN-4-8127-0139-2